雷锋

辅导我一生

陈雅娟 /著

中央编译出版社
Central Compilation & Translation Press

图书在版编目（CIP）数据

雷锋辅导我一生 / 陈雅娟著. — 3版. — 北京 :中央编译出版社,
2024.3

ISBN 978-7-5117-4697-9

Ⅰ.①雷… Ⅱ.①陈… Ⅲ.①雷锋精神—学习参考资料 Ⅳ.①D64

中国国家版本馆CIP数据核字（2024）第037486号

雷锋辅导我一生

选题策划	张远航	
责任编辑	赵可佳	
责任印制	李　颖	
出版发行	中央编译出版社	
网　　址	www.cctpcm.com	
地　　址	北京市海淀区北四环西路 69 号（100080）	
电　　话	（010）55627391（总编室）　　（010）55627116（编辑室）	
	（010）55627320（发行部）　　（010）55627377（新技术部）	
经　　销	全国新华书店	
印　　刷	北京盛通印刷股份有限公司	
开　　本	710 毫米 × 1000 毫米　1/16	
字　　数	271 千字	
印　　张	20.25	
版　　次	2024 年 3 月第 3 版	
印　　次	2024 年 3 月第 1 次印刷	
定　　价	62.00 元	

新浪微博：@ 中央编译出版社　　　**微　　信**：中央编译出版社（ID：cctphome）
淘宝店铺：中央编译出版社直销店（http://shop108367160.taobao.com）（010）55627331

本社常年法律顾问：北京市吴栾赵阎律师事务所律师　闫军　梁勤
凡有印装质量问题，本社负责调换，电话：（010）55626985

修订说明

我对雷锋有着深厚的感情。雷锋接受我们的邀请、亲自辅导我们，这是我们无上的光荣。自然，传播雷锋故事、传承雷锋精神，就是我们义不容辞的责任。

2021 年是中国共产党建党 100 周年，也是伟大的共产主义战士雷锋做我们校外辅导员 60 周年，还是我光荣加入伟大的中国共产党 50 周年。2022 年，我们又迎来党的二十大胜利召开。2023 年，即将迎来毛主席为雷锋题词 60 周年的纪念日。回首往事，历历在目，我的大半生风尘仆仆、继往开来。故此，通过这本书讲述自己与雷锋的故事，回顾自己在雷锋的感召下成长的历程和感悟，既是对雷锋的怀念，也是对雷锋精神的再思考、再认识，更是对雷锋精神传播方式的再拓展。

初版后，不少领导、朋友提供了补充信息和好的建议。虽然自己身体欠佳，但在众多"雷锋人"的大力支持下，我尽可能把这些调整付诸书中，于是，有了这次的修订。

我拿着在党 50 周年证书，在天安门前郑重留念

1

一、感恩母校，感恩部队

雷锋是我成长的恩师，也是我人生前行的航标。回首过往，我曾是母校的一名少先队员，有幸与雷锋合影，该照片上过《解放军画报》等多家报刊，也为我的母校、我的家乡、我们少先队集体增添了喜悦与荣光。在与雷锋的接触中，我有幸走进了雷锋连队、走进了雷锋班，也让我走进部队这所大学校的梦想成真，并光荣地参加了珍宝岛自卫反击战。因为坚持学雷锋，我受到了原沈阳军区部队的重视和培养，从而得以健康成长。感恩母校、部队的哺育，感恩部队首长及战友们的关爱。

二、守护雷锋精神

光阴似箭。曾几何时，一股否定雷锋精神的思潮，诋毁革命先烈、英雄人物的功绩和形象的历史虚无主义浊流泛起。于是，守护正义、守护史实、守护雷锋精神，就成为我们义不容辞的使命和责任。雷锋爱憎分明的阶级立场让我们明辨是非、旗帜鲜明。我们要用事实说话、用心灵感知、用行动践行，以此守正创新。

半个世纪以来的历史和现实，让我们深深感到，扎根于优秀传统文化和党的思想路线的雷锋精神没有过时，新的时代更赋予了雷锋精神新的内涵。实现中华民族伟大复兴，依然需要雷锋精神。

三、传承雷锋精神

学雷锋不是坐而论道的理论课题，而是摆在每个人面前的实践问题。雷锋出生在中华人民共和国成立前，新旧社会的鲜明对比，使得他热爱党、热爱祖国、热爱人民军队、热爱人民群众、热爱本职工作、热爱集体，这些优秀品质影响了几代人。

人们赞美雷锋、怀念雷锋，实质上是在呼唤雷锋。赞美雷锋是为雷锋的品格和境界所感动，怀念雷锋是为社会风气和道德观念而守正，呼唤雷锋则是对该做个什么样的人的反思。

我们每个人从每一件小事做起，像雷锋那样对待学习、对待工作、对待他人、对待社会、对待党和国家，且持之以恒地坚持下去，我们的国家将更繁荣，我们的社会将更和谐，我们的家庭将更幸福。

除去初版中感谢的人们之外，再版时还要特别感谢湖南省总工会原副主席冯健大姐，原"403"部队老战友、大连日报社高级编辑王士贞，原沈阳军区政治部文化部部长张贵，原沈阳军区政治部历史资料编写办公室杨永华大校，收藏雷锋资料的朋友褚士奇、吴铁库、周金富，国家一级美术师杜树民老师，抚顺日报社社长徐万超，全国学雷锋先进个人、原沈阳军区一分部汽车十团老兵陈振良，国家税务总局北京市石景山税务局王保林，大连金县（现金州区）实验学校四年五班班主任汪春香老师等各位领导和朋友。

再次感谢领导、老师、朋友们的大力支持，感谢出版单位付出的辛勤劳动。

由于精力、能力所限，书中一定还会存在不足和疏漏，敬请各位领导、专家、读者和广大"雷锋人"继续不吝指正，以共同推动雷锋精神的传承。

二〇二二年十一月中旬

写于北京

初版序

冯　健

湖南省总工会原副主席、全国劳模

　　初心未与年俱老，使命在肩写春秋。

　　在两个一百年历史交汇期、在雷锋 81 周年诞辰之际，年逾古稀的陈雅娟撰著出版新作《雷锋辅导我一生》。她饱含深情，浓墨重彩地把雷锋辅导自己并深刻影响自己一生的经过和感受写出来，分享给更多的人，传承给更多的后来者。全书资料翔实，图文并茂，信而有征，令人爱不释手，可喜可贺可嘉！

　　作为雷锋同乡和生前好友之一，阅读本书，书中刊印的雷锋戴着红领巾和少先队员在一起的照片特别令人注目。同心相应，浮想联翩，往事如昨。当年雷锋在家乡望城县（今湖南省望城区）读小学时就非常热爱少先队。他和同学们谈论时说过："对每个人来说，我认为一辈子有三件大事，就是参加少先队、青年团、共产党这三大光荣组织。"他还说："我们只有好好学习、天天向上，听党的话，听毛主席的话，才能达到这三个目标。"雷锋读五年一期时成为班上的第一批少先队员，全票当选为大队委员，自告奋勇担任少先队旗手，多次被评为优秀少先队员。据曾担任雷锋所在中队辅导员的夏柳老师回忆，雷锋极其热爱红领巾。雷锋上学或在校外参加有组织的活动必戴红领巾。在家不戴时，摘下红领巾，折叠、整理得平平整整的，保持整洁美观。一次，他把红领巾高兴地系在自己脖子上时，激动地对大家说："这红领巾多美丽啊！它是先烈们的鲜血染红的。我长大以后，一定尽自己的力量来建设祖国、保卫祖国。我也要争取系上红领巾，做一个辅导员，培养更多的红领巾。"雷锋志存高远，说到做到。参军以后，作为伟大的中国人民解放军的一名优秀战士，被驻地学校聘请为校外辅导员，实现了早年的夙愿。而今，雷锋当年辅导培养成长的一位"红领巾"，不忘初心，怀着虔诚之心和感恩之情，为之著书存史，以传薪火。雷锋在天之灵如若有知，定当含笑于九泉。

陈雅娟是幸运的，亦是令人钦佩的。陈雅娟1961年就读抚顺市望花区本溪路小学（今雷锋中学），读五年级时任少先队副大队长。同年8月陈雅娟作为学生代表之一，前往附近驻军部队聘请雷锋担任校外辅导员，并有幸在聘请雷锋辅导员大会上，亲手给雷锋戴上了红领巾。此后近一年时间，雷锋多次来校给红领巾们做辅导报告，讲英雄故事，参加队日活动，陈雅娟与雷锋一直相处得很亲近。她与雷锋一起阅读《解放军画报》的同框照片，曾分别刊登在1962年5月30日的《解放军报》和1963年3月7日的《中国青年报》上，成为经典。在1964年4月5日雷锋新墓迁葬仪式上，陈雅娟代表抚顺市20万少年儿童向雷锋英灵献辞致敬。少年时代的陈雅娟有幸结识了雷锋，雷锋叔叔的言传身教，雷锋精神的陶冶感染，使她的人生得到了净化和升华。雷锋对她的辅导帮助以及雷锋精神，不仅教育影响了她的一生，也改变和成就了她的人生！

榜样的力量是无穷的。半个多世纪以来，陈雅娟自觉地接过雷锋精神接力棒，无论是学生时代，还是20年的军旅生涯，以及后来转业到地方工作，她始终坚持不懈地学雷锋，以雷锋为榜样，像雷锋那样做事做人，并把宣传雷锋、传承雷锋精神作为自己毕生的使命。雷锋精神内化于心、外化于行，不论在部队还是在地方，无论是在工作岗位还是在退休以后的生活中，陈雅娟一以贯之地经受住了生死关、苦乐关、家庭关、荣誉关和金钱关的考验。有人问她：是什么力量，让你能够顺利地闯过这"五关"，向党和人民交出了一份比较满意的答卷？陈雅娟的回答是：因为我心中始终有一个永恒的榜样，就是雷锋！

回顾所来径，苍苍横翠微。

"像雷锋那样做事做人"——陈雅娟的实践和追求，让人们领悟出一条重要的行为准则：做人就要像雷锋那样正确对待人生！

"人的本质在其现实性上，是一切社会关系的总和。"马克思的这一至理名言告诉我们：人不是一个自然的存在，而是一个生理的、心理的、伦理的存在。所以，古往今来，作为一个人，生活在这个世界上，都不免在探讨和追问这样的问题——我们为什么活着？我们生命的意义何在？生命的价值如何去实现？在这个方面，雷锋生前的探讨和追问堪称典范。

"如果你是一滴水，你是否滋润了一寸土地？如果你是一线阳光，你是否照亮了一分黑暗？如果你是一颗粮食，你是否哺育了有用的生命？如果你是一颗最小的螺丝钉，你是否永远坚守在你生活的岗位上？如果你要告诉我们什么思想，你是否在日夜宣扬那最美丽的理想？你既然活着，你又是否为未来的人类的生活付出你的劳动，使世界一天天变得更美丽？我想问你，为未来带来了什么？在生活的仓库里，我们不应该只是个无穷尽的支付者。"

这就是被人们视为经典与箴言的雷锋"人生七问"。据其手稿影印件辨析，该文系雷锋（时用名雷正兴）1958 年 6 月 7 日写于团山湖农场，时年不足 18 岁。概览全文，雷锋以问作答，言近旨远，分三个层面提出七个系列式问答，揭示主题："人活着为什么？"亦即"怎样做人？"他穷究事理，着意叩问人生，叩问世界，叩问你我他，把人生的目的意义和价值提到"为未来的人类的生活付出你的劳动，使世界一天天变得更美丽"这样的高度来认知，揭示人生应有的境界、抱负与担当。所以，从这个意义上评说，我们自可将"人生七问"称为雷锋在望城成长的标志、雷锋初心的自白、雷锋精神的内核，亦不啻解读雷锋人生传奇的精神密码与谱写人生答卷的指南。

做人就要做这样的人。细读《雷锋辅导我一生》，显而易见，从全书主题、行文、神韵到书中那一个个令人动容的鲜活的故事，大事小情，无处不闪烁着雷锋"人生七问"所蕴含的人生哲理与人文精神的光辉，扣人心扉，大有裨益。

　　言为心声，文如其人。本书作者用自己的语言，写自己亲历亲见亲闻与所思所想的事，洋洋十多万言，图片百余帧，铭记历史，留下真情，论事叙史，以人带史，以事系史，亦史亦文，故本书实为红色基因的存照，奋斗者的人生足音，守护雷锋精神家园、播撒雷锋精神种子的力作，值得研读与珍藏。

　　我与雅娟虽关山远隔分处南北，然则多次晤面令我们心灵相通，情谊深厚，同气相求。雅娟来电请我为其新作写序，我何德何能？情不可却，兹以拙文权充读后感言。不当之处，请雅娟及方家与读者诸君指正。

二〇二一年六月

写于长沙寓所

目 录

001 初识雷锋

"抚顺+"出新面孔 　　　　　　　　　／ 005

基因里的那根"红线" 　　　　　　　　／ 009

不单单是缝纫机的事 　　　　　　　　／ 018

正在刮胡子的叔叔 　　　　　　　　　／ 021

与雷锋叔叔见面的那一刻 　　　　　　／ 028

我们那个班 　　　　　　　　　　　　／ 031

002 我们的知心人

我心中的雷锋 　　　　　　　　　　　／ 036

检查作业 　　　　　　　　　　　　　／ 038

"找宝"游戏 　　　　　　　　　　　　／ 041

给脸就上鼻梁 　　　　　　　　　　　／ 043

让饺子 　　　　　　　　　　　　　　／ 045

补袜子 　　　　　　　　　　　　　　／ 047

总是在看书 　　　　　　　　　　　　／ 049

学习也要讲方法 　　　　　　　　　　／ 051

雷锋叔叔和我说悄悄话 　　　　　　　／ 053

理想在哪里 　　　　　　　　　　　　／ 055

003 再也等不来的叔叔

最后一面 / 060

毕业典礼等您来 / 062

追悼会那一天 / 065

迁雷锋墓 / 067

我们班级的变化 / 068

"雷锋不在，还有我" / 071

004 合影里的雷锋叔叔

影响我一生的照片 / 078

合影发表后的意想不到 / 083

30多年的笔友 / 086

40年后的拥抱 / 089

50载的雷锋缘 / 093

005 雷锋影响我一生

我终于圆了当兵的梦 / 100

就为了当好一个兵 / 104

插插拔拔有学问 / 109

锅碗瓢盆垒熔炉 / 112

二进"炊事班" / 115

上珍宝岛前线 / 117

做最苦的事锻炼自己 / 124

训练大队二三事 / 131

人生的又一次转折 / 143

雷锋

辅导我一生

006 传承雷锋精神

我也成为校外辅导员 / 160

在辅导中感受雷锋 / 168

从一个人学雷锋到和大家一起分享学雷锋 / 176

独臂撑不起天 / 178

帮助一个人，成全一个家 / 180

我有了一个女儿 / 186

列车上的巧遇 / 191

雷锋精神永恒 / 193

学习中宣传，宣传中学习 / 197

我与枫丹结情缘 / 214

007 情融绵力哺母校

与大家一起讲那雷锋的故事 / 220

从校外辅导员到央视新闻频道 / 228

少年雷锋团揭牌 / 231

齐心建设少年雷锋团 / 235

008 我的第二个"娘家"

离开抚顺 / 242

到雷锋班认亲 / 244

留住雷锋团 / 247

常回"家"看看 / 250

《雷锋班的故事》 / 251

雷锋班里过大年 / 253

新面孔与老传统 / 255

从"叔叔"到"大哥" / 259

009 我亲身感知到的美国人眼里的雷锋

我亲身感知到的美国人眼里的雷锋　　　　　/ 264

010 回到雷锋故里

母校　　　　　/ 270

扫墓　　　　　/ 275

老师与工友　　　　　/ 276

011 最崇高的荣誉

最崇高的荣誉　　　　　/ 280

012 润物细无声——感悟雷锋

感恩没有终点　　　　　/ 286

"累"与"躺平"　　　　　/ 289

想过"脏"的后面是什么吗　　　　　/ 291

"苦"的滋味里有"甜"吗　　　　　/ 294

闻过则喜的雷锋　　　　　/ 297

成功的平凡人　　　　　/ 299

感言摘录　　　　　/ 303

　　1962年3月中下旬，也就是张峻叔叔给我们和雷锋叔叔照相后不久，有一天，我们几个同学又跑到部队去找雷锋叔叔。正在我们聊天的时候，有一个战士找雷锋叔叔要东西。他从上衣兜里拿出一沓东西，翻找时，我看到有几张照片，其中好像有他自己的一张单人照。那个年代互相送照片、过年送贺年卡之类的算是很时尚了。当时同学都在，我没好意思和雷锋叔叔要。后来有一个机会见到雷锋叔叔，我就壮着胆子和他提到看见他兜里有照片的事，问能否送给我一张。雷锋叔叔笑着说："你眼睛还挺尖的，好吧！我看看还有没有。"说着，他把兜里东西掏出来，还真找到一张，就毫不犹豫地给了我。那时毕竟还是个孩子，因为和雷锋叔叔熟了，敢和他要照片已经不错了，哪里会想到让他给签名的事呀！雷锋叔叔牺牲后，我自己在照片背后郑重地写下了"雷锋遗像"四个字，作为永久的纪念。

　　当年各新闻媒体来采访时，我只把贺年卡给他们看，并交给他们，因为雷锋叔叔也给过其他同学，但这张照片是雷锋叔叔亲手留给我的念想，我始终没舍得拿出来，也算是一个小私心吧。

001

初识雷锋

“抚顺 +”出新面孔 / 基因里的那根“红线”/

不单单是缝纫机的事 / 正在刮胡子的叔叔 /

与雷锋叔叔见面的那一刻 / 我们那个班

对我来说，雷锋是我"永远的恩师"！

1962 年 8 月 15 日，雷锋因意外事故，因公牺牲。一直以来，人们在用不同的方式读着雷锋的故事，以不同的视角解读和感悟雷锋精神。

雷锋，以其强大的精神感召力，激励着一代又一代人成长。他的名字就像高悬在天空中的一颗璀璨之星，尽管有时也会被薄雾笼罩，但绝不会陨落和消失。

穿云而出的星光，往往更加光彩夺目。

通过一年多的部队历练，雷锋成长得很快，不但成
为部队的节约标兵，还成为忆苦思甜的典型。1961
年8月，他参加抚顺市第四届人民代表大会，这是
第一次会议之后的留影

"抚顺 +" 出新面孔

现在的抚顺，还有一个广为人知的称谓，即"雷锋城"，因为抚顺是雷锋的第二故乡，也是雷锋精神的发祥地之一。

抚顺，本来是新中国的一座"煤都"，可是，因为雷锋生前所在部队的到来，更因这支英雄的部队培养出来一个平凡而伟大的共产主义战士 —— 雷锋，半个世纪以来，抚顺人民一直坚持不懈地学雷锋，涌现出诸多以"百姓雷锋"为代表的学雷锋先进集体和先进个人。"抚顺 + 雷锋"，使这座城市发生了很大的变化……

1960 年年初，刚当兵不久的雷锋来到抚顺，在成为我们学校校外辅导员之前，不少抚顺人都知道雷锋，因为他走到哪里，就把好事做到哪里。他自发自觉地做的各种热心助人的好事，让抚顺人记住了这个可亲可敬的解放军战士。

仅举其中的两个事例，一个与我们学校有关，一个还与我家当时所在的公社（和平人民公社后来改为和平街道）有关。仅此大家即可感知，雷锋为什么让人印象深刻。

那是 1960 年夏季的一个星期天，部队上午放假。战友们有的出去买书、照相、逛公园，有的在宿舍读书、写信、洗衣服。雷锋觉得肚子有点儿疼，就去团部卫生所开药。回宿舍的路上，听到喇叭里还播放着歌曲。抬眼望去，只见不远处的建筑工地上正热火朝天地开展劳动竞赛，人们有的推车、有的挑担，穿梭往来，好不热闹。雷锋被这火热的劳动场面吸引住。他走近建筑工地，看到一个木牌子上写着：抚顺市第二建筑公司本溪路小学建筑工地。他心中不由得赞叹道："真了不起呀！这里不久前还是一片炉灰渣子地，一转眼就要给一个小学盖起高楼了！"

这时，喇叭里的歌声忽然停了，传出一个女声播音："运砖的同志们请注意！砌砖组的同志大显身手，今天的砌砖速度打破了昨天的记录！运砖的同志得加油了，今天能不能超过定额，就看你们的了！"

目睹此情此景，雷锋早就顾不得自己的肚子还在疼的事了，赶紧找了辆空车加入劳动中。见来了一个解放军战士，工人们感到好奇，就问他为啥也来参加劳动。雷锋说："看你们干得热火朝天，我也得出一分力哟。"

雷锋打听到，正在修建的这所学校，按计划秋后就要开学，为了不影响孩子们按时上学，工人们才昼夜加班，铆着劲儿大干。知道了这些，他干得更起劲了，像只小老虎，这引起了女广播员的注意。

女广播员到工地来采访雷锋，问他叫什么名字，又问他为什么要来参加义务劳动。雷锋说，要写表扬稿，名字就保密；要问为什么来劳动，就是为了给社会主义建设多添一块砖。中午休息时，雷锋要走，在场的工人都被他的精神所感染，纷纷要求他留下名字，否则不让他走，

当年雷锋带病参加
建设的本溪路小学

而且说这是为了更好地推动工程建设。雷锋实在拗不过大家，只好说出了自己的名字。

第二天下午，抚顺市第二建筑公司工区党总支组织一些工人，敲锣打鼓地来到雷锋所在的运输连。李连长、高指导员不知出了什么事，急忙迎出来。等看了工人们送来的用大红纸写的感谢信，连里才知道是四班战士雷锋又带病做了一件好事。

1960 年 9 月之后，雷锋所在的团政治处收到两封感谢雷锋的地方来信：一封是辽阳市委送来的，感谢雷锋为援助灾区捐了 100 块钱；一封是抚顺市望花区和平人民公社（我家所在的地方）送来的，感谢雷锋把自己积攒的 100 块钱捐给了公社。

抚顺市望花区和平人民公社的感谢信介绍说，有一天，雷锋上街办事，看到抚顺市望花区和平人民公社正在召开成立大会，雷锋深受感染，心想自己作为一名人民的战士，应该为社会主义建设做点什么。于是，雷锋跑到储蓄所，取出自己多年积蓄下的 200 元钱，找到望花区和平人民公社党委办公室，要把它捐献给新成立的人民公社。

当时接待雷锋的公社办公室同志觉得，一个当兵的，也没有多少津贴，200 块钱对他来说已经是相当大的一笔款项了，肯定是他平时省吃俭用积攒下来的，就和雷锋说："解放军同志，你的心意我们收下了，但这钱我们不能收，你还是把它邮寄给家里人吧。"

雷锋一听到这个"家"字，马上想起自己的苦难经历。他随即说，他是苦里生、甜里长，是党和人民给了他一切，人民就是他的父母，所以，他要把自己的一切都献给人民、献给党。雷锋说，钱就是给人民用的，希望他小小的心意能在人民的事业中发挥一点作用。

后来，雷锋听说自己当工人时所在的辽阳遭受了百年不遇的洪水灾害，他又把剩下的 100 块钱捐给了辽阳灾区。

于是，就有了抚顺市望花区和平人民公社和辽阳市委给部队写的感谢信。

其实，雷锋还有两次捐款。一次是抗美援朝时期，国家号召捐款买飞机大炮，雷锋（那时雷锋的名字叫雷正兴）将长辈们给他的压岁钱 2 角，全捐了出去。而另一次，则是望城县委号召全县青少年捐款，买拖拉机。雷锋那时在县委给张书记当勤务员，每月工资二十几块钱，他一次便捐了 20 块钱，是青年当中捐款最多的一个。

雷锋去鞍钢前就把自己的名字"雷正兴"改为"雷锋"。自从他到部队后，以团政委韩万金为首的各级领导都认为雷锋是个好苗子，关心他、爱护他、培养他，同时也严格要求他，在组织的培养和引导下，雷锋很快就成为一位优秀的共产党员。

1963 年，毛泽东题词的"向雷锋同志学习"发表以后，雷锋成为中华大地家喻户晓的学习榜样。

抚顺因为雷锋的出现，也因为广泛持久的学雷锋热潮，逐步成为享誉全国的"雷锋城"。

千百年来，多少人殚精竭虑为名利，到头来却随着滚滚长江东逝水而化为乌有。

平凡孕育伟大，伟大源自平凡，其中的辩证关系，引人深思，也值得深入挖掘。

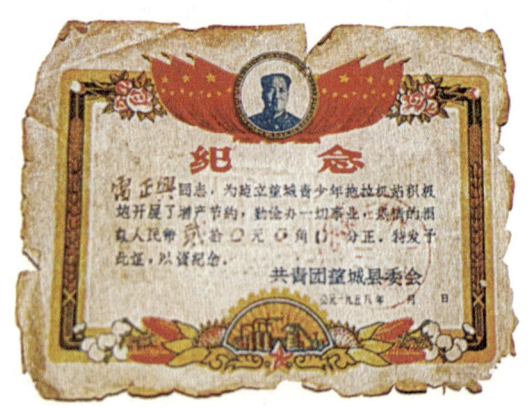

1958 年春，望城县共青团委为雷锋捐款买拖拉机颁发的奖状

基因里的那根"红线"

俗话说：穷人的孩子早当家。雷锋叔叔之所以能把有限的生命，投入到无限的为人民服务之中去，是因为，从小生活在水深火热之中的他，通过新旧社会的鲜明对比，深切地感受到了党的温暖，"滴水之恩当涌泉相报"，何况这个恩情远非滴水可比。

我出生在一个老退伍军人的家庭。爸爸和雷锋叔叔一样，苦大仇深，目睹了倭寇的侵略奴役和剥削阶级的残酷压迫，怀着救国大愿，早年只身投入到抗日救亡的队伍之中，成为一名保家卫国的战士。抗日战争、解放战争中枪林弹雨和艰苦卓绝的经历，使他患上了肺结核，当东北解放战争中的四平战役取得胜利后，部队南下，作为病员留在后方的老爸退伍复员了。

之后，经人介绍，他与妈妈相识，于是娶妻生子，组建了家庭。由于上有老下有小，生活负担很重，他们过着朝不保夕的苦日子。我的一个姑姑在抚顺，捎话过来说，抚顺那里会好过一些。为了一家人活命，爸妈带着奶奶和不满周岁的我，毅然投奔了姑姑。抚顺民政部门按照优抚政策为爸爸这个老兵安置了工作。妈妈更是要强，为了早日改变生活的窘境，顾不了那么多，自己在矿区火药厂找到了一份又累又危险、没人愿意干的工作，后来还当上了雷管车间的主任。这样，一家人总算在这个煤都安顿了下来。

父母为人正直、纯朴善良、平易近人、宽厚待人，工作任劳任怨，而且要求进步，积极靠近党组织，因为表现突出，很快两个人都在各自单位光荣加入了中国共产党。

成为党的人，两个人的工作热情更高了，对集体和他人的关爱更多了。由于一心扑在工作上，他们料理家务的时间当然也就更紧张了，但他们对生活、对未来充满了信心。

爸爸这个老八路、老党员虽然文化程度并不高，可他对于子女的养育关爱是非常细心的。时不时地会忆苦思甜，给我们讲述他亲身经历过的那残酷战争年代里的故事，告诉我们要热爱生活，从小立志好好读书，长大报效祖国，并对我们寄予了无限的希望。

在我的印象里，爸妈特别能吃苦，除了按时按点儿上班，他们还要起早贪黑地忙家务，照顾奶奶和孩子们。即使这样，从来听不到他们叫苦叫累。我家从市中心的新抚区搬迁到偏远的望花区后，妈妈离工作单位更远了，她总是早出晚归，孩子们几乎只有星期天才能簇拥在妈妈身边。因此，照顾孩子们的事，爸爸就承担得更多一些。爸爸每天都骑自行车，把妹妹们送到托儿所，然后才能去上班。几个妹妹都是在爸爸的背上长大的，前面的车横梁上坐一个，后面还要背一个，俨然成了一道风景线。寒来暑往，不知道爸爸付出了多少心血，他的背上自然"酿就"了太多的故事。当我们长大成家立业后，每每回到家中，爸爸依然会津津有味地讲起那些我们儿时的趣事。

爸爸上班路过的铁道口旁边，有个小食杂店，每次到这里妹妹都会嚷着要买吃的。有一次，天上下着小雪，为了赶时间，爸爸路过这里没有停下来，这时伏在背上的妹妹小红不干了，她扭来扭去地折腾。由于路面太滑，车把失控，他们连人带车一下子都摔倒了。好在穿着棉服，人无大碍，这时尚未懂事的妹妹，不停地在那里幸灾乐祸地"叫好"，弄得老爸哭笑不得。

背上的孩子长大了，轮到她去坐车梁，最小的妹妹相续又伏到了爸爸的背上，重复的画面每天都在上演着。食品店的店主时常会准时、主动、笑容可掬地迎出门外，把老爸常买的好吃的东西送出来，这也为爸爸节省了一些时间，爸爸因此对这位店主心存感激之情，多少年之后，仍然能把当时的情景说得活灵活现。

弟弟妹妹们长大了，父母本该轻松一些了，可这道风景线还得延续。1977年，我有了儿子，因为爱人要上军校学习，我的公益活动又很多，常常搞得我应接不暇，为了不影响工作，我们只好忍痛割爱，把刚满月的儿子送回老家由父母帮助带养。当时还在工作的父母，为了支持我们的工作，二话没说，把刚满月的外孙接了回去。从此，这道风景线又换了另一个画面，老爸自行车的后座上又多了一位抱着小男孩的老妇人。熟悉的人都知道，这老两口是在为同是军人的女儿女婿"尽义务"呢，人们给他们竖起了大拇指！是啊，这道"拥军"的风景线更靓丽了，它展示了伟大的母爱、父爱，展示了老军人，老军属无私奉献的情怀。

父亲对我们的教诲是潜移默化的。不仅限于语言，更多的是他的一言一行对子女们的影响。他那融入了骨子里的军人气质和对党忠诚于心的执着，在我们子女的心灵上，留下了深深的印迹。他所讲述的那些新旧社会对比的故事，以及艰苦岁月里行军打仗中战友间互助、互爱的经历，感人肺腑。他那勇于克服困难、战胜困难，果敢顽强的军人意志，体现在学习、工作和生活的方方面面；他那勤俭节约、艰苦朴素的军人风貌，使我耳濡目染，打小就不怕苦不怕累，不计较环境的好与坏。也因为这样，我打小羡慕、崇拜军人，更是想过，长大后要是也能成为一名人民解放军，那该多好啊！

爸妈都是特别吃苦耐劳的人，在工作单位，积极发挥模范带头作用。在那个"多快好省"建设社会主义的年代，他们总是吃苦在先享受在后，一心一意地做好本职工作，在家里又处处节俭度日，从来不舍得在自己身上多花一分钱。因为奶奶年迈多病，大部分家务活都是爸爸承担的，在我眼里，父亲就是一个不知疲倦，做什么都忘我、投入的人。

打我记事儿起，奶奶身体一直很不好，坐在那儿总是咳嗽气喘，用现在的话说，可能是患有肺气肿或哮喘病。

父亲无论怎么忙，都不会忘记对奶奶的关爱照顾，为她送水送药，嘘寒问暖。

妈妈对奶奶关爱有加。她是在对身体有害的岗位上工作的，享受特殊的劳动保护待遇，也就是说，单位经常会发给她一些营养品。妈妈每每将这些好吃的拿回来，只能分给我一点点儿，让我尝尝即可，其余的都会收起来，留着每天拿给奶奶吃。妈妈对我说："你是小孩儿，长大了好吃的多着呢；奶奶身体不好，需要加强营养，你可不要和奶奶争啊！"我能听懂妈妈的话，奶奶吃东西的时候，我会把脸转到一边不去看她，奶奶给我，我也是不会要的。妈妈说，奶奶是我们家的功臣，养儿育女积劳成疾，很不容易，我的成长也是有奶奶的一份心血的。在我小的时候，因为家庭生活困难，妈妈奶水不足，都是奶奶用嘴先把高粱米饭嚼碎了，嘴对嘴喂我，这才总算把我给喂活了。现在奶奶老了还有病，有好吃的多给奶奶是应该的。妈妈用自己的言行为我们树立了尊老敬老的榜样。

爸爸妈妈这种言传身教，使真善美的种子在我们子女的心田里生根发芽，蓬勃地长了起来。家里这种潜移默化的教育和影响，给我的人生打下了厚实的基础。所以，走进学校后关心他人、关心集体，我都是很自然地去做的。直到上五年级结识了雷锋叔叔后，是他那"一滴水"精神和"一线阳光"精神培育了我，我才更有意识、更加自觉自愿地照着雷锋叔叔的样子去做，这或许就是所谓的水到渠成吧。

妈妈单位成立了托儿所、幼儿园，很幸运我都是第一批入托入园的孩子。幼儿园为我日后参与集体生活奠定了坚实的基础，在那里我养成了良好的生活规律和习惯，学会了关心他人热爱集体，提高了自己的动手能力。几年之后，我已经能认识好多常用字，但就是写不好。1956年7月，我从幼儿园毕业了。我随着邻居家的大孩子们也到离家最近的

雷锋

辅导我一生

新抚区中心小学（现在的实验小学）报了名，还参加了面试，老师的提问也都答对了，可学校公布名单时却没有我的名字。看见别的孩子都去上学了，这下我可急坏了。我自己去学校问，老师看了看我的报名册，笑着对我说："小朋友，你先别着急，你的入学年龄刚好差一个月，明年的这个时候我们一定会收下你的。"我很扫兴地流着眼泪回到了家。

第二年（1957年）快到新生报名的时候了，我几乎每隔两天就跑到学校去问，生怕来迟了报不上名字，结果学校的老师和领导们对我有了印象，都知道我是去年那个被拒之门外的孩子。他们告诉我："回家放心等待吧，你早已经入了我们的花名册了。"这下子，我的心终于落了底。没过几天，我接到报名的通知，高兴得不得了，一路跑着到了学校。面对老师的问答考试，我对答如流。我终于被录取了。

新学期开始了，我被录取到一年十班，班主任是胡桂莲老师。胡老师和蔼可亲，温文尔雅。或许是面试的领导和老师向她提过我的名字，入班的第一天，她就给了我一张写了十几句话的稿纸，对我说，回家让爸爸妈妈帮你把这上面的字背下来，准备好在学校开学典礼大会上，作为新生代表发言。我喜出望外地接受了这个任务，一到家就赶紧让爸妈教会我这篇简短的发言稿。女儿刚刚上学就接受了这个任务，他们也为之高兴。两个人轮番教我、提问我，很快我就背下来了。开学典礼的会场，就设在我家附近的电池厂俱乐部，走进会场，就连过道里都挤满了人。我的心里有些激动，也有些担心，在这么多人的礼堂里发言，我能行吗？我多少有些胆怯，可想到这几天台词已经背得滚瓜烂熟了，更想到临出家门时爸爸对我的鼓励："好姑娘，你最棒！"初生牛犊的闯劲上来了。我走上舞台，候幕时，老师又让我背了几遍讲稿。轮到我发言的那一刻，整个会场静得连一点点声音都没有，当我的发言顺利结束的那一刻，博得了全场的热烈喝彩。放了学回到家我才知道，那振奋人心的掌声中，也包含着爸妈的心声，原来他俩也作为家长代表参加了开幕式，只是没有告诉我，怕我有负担，影响发言。一时间，我成了全校的

"小明星"。没多久，我又被同学们选为班主席（班长）。看到了我的进步，爸妈很高兴，嘱咐我要尊重老师，团结同学，时时处处起模范带头作用；鼓励我要虚心向同学们学习，当好老师管理班级的小助手。我向爸妈表示，一定要加倍努力做好这个小助手。第一学期结束时，我被评上了抚顺市新抚区"五好学生"，当我把人民教育委员会颁发的奖状递到爸妈手上的那一刻，他们的脸上露出了非常自豪的灿烂笑容。同时，他们又为我讲了胜不骄败不馁的道理，激励我要奋发向上，不懈努力。

慈祥的爸爸宽厚大度、和蔼可亲，可在我的心目中，他又是一位威严的爸爸。家里女孩多，虽然爸妈的工资不高，但他们宁愿自己省吃俭用，也不会让孩子们受委屈。有时我们淘气或做错了什么事，他们大都会耐着性子给我们讲道理。若是我们和邻居家的孩子发生了矛盾，爸妈会首先向人家赔礼道歉，然后关上门，不准这、不准那，对我们就是一顿严肃批评教训，最常说的一句话是："惯着吃、惯着穿，就是不能惯着你们的毛病！"但无论怎么发脾气，他们都没有动手打过我们，告诉我们要和睦邻里，礼让他人。

童蒙养正，会关系到一个人一生的修为。而家庭、学校、社会三结合的精准教育，是人生健康快乐成长不可或缺的必要条件。父母不仅给了你生命，而且是人之初无可替代的师者。父母和家庭成员的品格素养、为人处世的修为，无时无刻不在影响人的潜意识形成，直至影响你的一生；幼儿到小学，师长的为人师表，周边小伙伴的举止言行，会使你耳濡目染；良好的初级系统教育，是汲取知识的大脑硬件不断完善的基础；而来自社会层面的健康、得力、正确、有效的辅导，是我们广开慧眼认知世界，坚定自信地确立正确人生观、价值观，从而让人生起好步、走对路的重要助力。

我们一家人

融入我基因里的那条红线，那劳动人民的纯朴善良，那革命军人的血气方刚，那尊师重教的良好氛围，贯穿我生命中的每一天，让我这朵生在红旗下的小花，始终沐浴着优秀传统文化的和风细雨、党的阳光雨露。

三周岁时的我（中间）

幼儿园时的我

刚上学时的我

小学二年级时的我

小学时获得的奖状

不单单是缝纫机的事

1958 年小学下半年后期，因为爸爸所在的工厂分了房子，我家搬到了望花区，于是我转学来到望花区中心小学。在这个学校读书时，我还是连年被评为优秀学生、"五好学生"等，并且第一批入队，还被选为学校少先队大队文艺委员。

记得在望花区中心小学三年级下半学年时，学校搞勤工俭学，师生们自己动手做粉笔和黑板擦，还要利用旧布角料做抹布。有一天，老师问我们，谁家有缝纫机，能否借到学校用几天。我家刚好新买了一台蜜蜂牌的缝纫机，为响应学校号召，我立即举手说："老师，我家有。"中午放学回家吃完午饭后，下午就和住在我家的大表姐一起，把缝纫机推到了学校。妈妈下班回到家，第一眼就发现新买的缝纫机不见了，马上问我们是怎么回事。这时候，我急忙躲到大表姐身后，当时为学校做好事受表扬的兴奋劲儿一下子就消失得无影无踪了，不知道自己是做对了还是做错了，生怕妈妈会骂我。

当姑姑家的大表姐把事情的经过告诉妈妈后，妈妈既没有骂我也没有打我，只是轻轻地对我说："你把咱家的缝纫机推到学校去，关心集体是好事，但是应该事先告诉妈妈，在征得大人同意后再去做。你还小，有些事不能自作主张。只要你做得对，妈妈都会支持你。"我点了点头。第二天到学校，我问老师："老师，我家那台缝纫机，啥时候能还回来？"老师问："怎么了？""那个……我妈问我了，这事没经过她同意，我就给推来了。这台缝纫机是俺家新买的。"老师说："哎呀，你妈都不知道，你看看这怎么行！过两天就给你家推回去，告诉妈妈放心！"不记得学校用了多少天，反正最后学校让我把缝纫机推回了家。

这件事让我懂得了一个道理：我还是个孩子，积极为集体做好事，是值得鼓励的，但凡事还要先和大人打个招呼、商量后再去做才对。

说起这台缝纫机，还有一件不为人知的秘密。我知道，为了买这台100多块钱的缝纫机，我妈哭了好几次呢。因为在那个年代，爸爸妈妈虽然都有工作，但收入毕竟是很有限的，家里有几个孩子要养，需要用钱的地方很多，而要买一台缝纫机，那得攒上好几个月的工资了！俗话说得好："家有三件事，先从紧处来。"所以，缝纫机迟迟没有买。可是，我们的衣服都得靠妈妈缝补，这要花去很多时间，她常常为此失去那点本来就少得可怜的休息时间。反复斟酌之后，在妈妈的苦苦坚持下，爸爸才终于下决心把它买了回来。妈妈喜出望外，自然也就对这台缝纫机格外爱惜了。

多年来，我始终认为：父母是孩子最早的老师，父母的一言一行会对孩子产生重要的影响，这种影响虽然看不见，却对孩子起着奠基性的作用。何为"润物细无声"？孩子如同一张白纸，最开始在这张白纸上画上笔画、写上字的是家长，家长写什么，就给孩子打上什么烙印。

我记得很清楚，小时候，我响应集体号召做的事情，我爸妈都会支持我，他们从来都是有啥事讲道理，告诉我：关心集体，关心他人，做好事，做好人，做个不会说谎的、诚实的好孩子。

走进托儿所、幼儿园，老师阿姨的言行，也会对孩子产生举足轻重的影响；再大了，进入学校后，老师的仪表、言行对孩子就会产生进一步的影响。这时候，学校、社会对孩子产生的影响、发挥的作用，往往大于父母。所以，处在人生这个关口时，对我关怀、爱护和引导的，除去学校的老师，还有一位重要的人，那就是雷锋叔叔。在我人生成长的正当时，伟大的共产主义战士雷锋走进了我的心灵，我的生命线里又多了一道靓丽的彩虹，他像一座航标灯，指引着我阳光人生的历程。

　　接触到雷锋叔叔后，他身上那些红色、闪光的品质总是能强烈地吸引我，我也能从他的一言一行中找到对接点，这是有基础的。当然，要将这些品质融入我的血脉里面，也还得有一个过程。在这个过程中，作为老共产党员、老八路军的父母对我的言传身教，起到了催化剂般的作用。

　　因此，红色基因的无形传承和有形对接，成为我人生中虽然看不见但每时每刻都能感觉到的"红线"，这根红线始终牵引着我、指导着我、校正着我。从这个角度看，雷锋叔叔能带给我一辈子的影响，也就很好理解了。

辅导我一生

正在刮胡子的叔叔

1961 年 8 月，我们刚升入小学五年级时，整个班级转到了新建的望花区本溪路小学（现在的雷锋中学）。

因为是从一个比较好的学校转到一个新建的学校，对我们这些孩子来说，都很不情愿。我们这个班同学的思想都比较活跃又好动。当老师带我们来到新学校的那一刻，第一眼见到的是一个没有装修的三层红砖小楼：高低不平，到处堆满炉灰渣子的操场，根本没有玩的地方。大家心里都感觉挺失落的。我们原来的学校，是一所老学校，学校从走廊到教室都是地板地，操场又大又平整，各方面的条件都很好。所以，见到新学校这种状况同学们议论纷纷，这时下课铃声响了起来，看到其他班的同学一窝蜂地从楼里跑出来，我们班有的同学就嘲笑着说："你们看啊，'西葫芦籽'都滚出来了！"也有同学说："你这样说人家，明天咱不也成了'西葫芦籽'了吗？"

大家互相嘲笑了一番，送我们的老师说："别闹了，站好队！"于是，随着上课铃声响起，我们一起走进了教室。

教导处的老师来到我们班宣布，我们是五年级最后一个班，即五年四班，班主任是位年轻的女老师，姓韩，叫韩佩珍。因为我们毕竟还小，刚来到这样一个不大如意的新环境，同学们的思想比较浮躁，最大的问题是纪律比较涣散。老师课讲得好就愿意听，课堂也静；不愿听的课，老师在上边讲，同学们就在下边做小动作。就连班主任老师讲课，也有同学敢取闹。

班主任看我们一个个太顽皮，教室里只要出点动静，整个班就开始乱哄哄的，常会很无奈地自言自语道："怎么办呢？"

看到老师一脸的无奈，同学们不但没有意识到我们惹老师生气了，反而更来情绪了。

一次，有个同学故意弄出怪声，引起课堂一阵哄堂大笑，老师一脸无奈地张了张嘴，结果全班同学几乎和老师同时说出"怎么办呢？"这句口头禅。

把老师弄得真是哭笑不得！

是啊，怎么办呢？不能总这样下去啊！我也挺着急，毕竟，我还是学生干部，我在原来学校就是少先队大队干部。转到这个学校后，大队辅导员刘颖老师找到我说："咱们大队委员会成员都安排完了，听你们原来学校介绍，你小学二年级就是大队干部了，委员没有位置了，你就当副大队长吧。"我想，老师这么信任我，我一定要好好干。

我想啊想，也没想出个好办法。

转到这个学校后的一个星期天，我约了几个同学到公园去玩。刚进公园，就看到不远处有一个凉亭，那里有三个解放军战士，我们就直奔过去，老远就喊："解放军叔叔好！解放军叔叔好！"那个年代，一个警察叔叔、一个解放军叔叔，孩子们都非常热爱，一点也不感到陌生。解放军叔叔问我们是哪个学校的，上几年级了，都叫什么名字。大家聊了一会儿，只见解放军叔叔起身要走的样子，这时我急忙问："解放军叔叔，你们能做我们的校外辅导员吗？"一个解放军叔叔说："我们可不行啊！要请，得请雷锋。"当时听到"雷锋"这个名字，我们还真感到有些耳熟，因为在家里听大人讲过。他们说，不久前有个解放军小战士当选为人大代表（1961年5月26日，雷锋当选为抚顺市第四届人民代表大会代表），这个小战士小的时候可苦了，还是个孤儿。

于是，我急切地问："叔叔，雷锋他在哪儿啊？""就在你们学校旁边的那个部队里。"

第二天，我就主动找到大队辅导员刘颖老师，把这个好消息告诉她，并希望请雷锋叔叔做我们的校外辅导员。刘老师听了非常高兴，也非常支持我的请求，下午放学时就开了学校介绍信，委派我和王宗慧同学代表学校去部队聘请雷锋叔叔做我们学校的校外辅导员。

我俩跑到部队说明来意后，一个热心的解放军叔叔把我们带到办公室，只听他说："股长，这两个小同学是来聘请雷锋当校外辅导员的。"这位股长立刻热情地和我俩打招呼，说："小朋友，你们是哪个学校的呀？"我立刻把介绍信递给他，告诉他我们的学校就是部队营地旁边的本溪路小学。

当时，我们要求聘请五名解放军叔叔做辅导员，而且必须要有雷锋。这位股长叔叔说："小家伙们还有要求啊！雷锋能不能做你们的辅导员，我们得研究研究，因为雷锋已经是建设街小学的辅导员了，他又是班长，工作很忙，还经常出去做报告。"

我一听就急了，忙说："还要研究啊？"

"是啊！我自己一个人也决定不了呀！"

"那……什么时候才能研究完呢？"

"过两天你们再来吧。"

"嗯……好吧。"

我们就这样走了。两天过去了，因为第三天上午没有课，所以我们一大早就跑到了部队，刚走到营房门口，只见一个一脸肥皂沫的叔叔首先和我们打招呼："小家伙，这么早就跑来了？"听声音，才知道这就是那天接待我们的那位股长叔叔。也不等人家洗完脸，我就忙问：

"叔叔，研究完了吗？"

"研究完了，批准四名解放军叔叔给你们做辅导员，满意吗？"

我一听少一个，又急忙问："有雷锋叔叔吗？"

"有！"

本溪路小学大队委员会成员的合影，
上二排中间是大队辅导员刘颖老师，上排左一是我

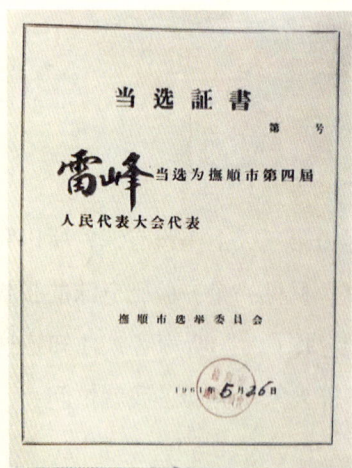

雷锋当选为抚顺市人民大会代表的代
表证

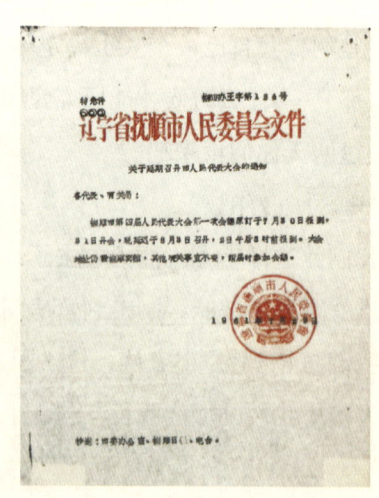

抚顺市人民委员会发给雷锋的延期开
会通知

我一听说有雷锋叔叔，甭提多高兴了。"太好了，太好了！"嘴里还念叨，"只要有雷锋，少一个就少一个吧。"

这时只顾高兴了，也顾不上和刮胡子叔叔打个招呼，我俩撒脚就往学校跑，赶紧把这个好消息告诉老师和同学们。

事后，每当想起这件事，我就后悔，连股长叔叔姓啥叫啥都不知道。

雷锋叔叔牺牲后不久，雷锋原来所在的部队完成了在抚顺施工的任务后，就回到团部所在地营口。不久，雷锋团就开赴老挝参加援老筑路的战斗去了。

2003年，沈阳的《华商晨报》举办了一次雷锋战友聚会活动，我也受邀参加。当时是在一个大会议室里，大家围坐在一个长方形的会议桌边。参加会议的雷锋战友，有的我认识，有的初次相识。就在会议中间宣布休息时，我刚要起身走，坐在我对面的一位长者立刻叫住了我：

当年我们去雷锋所在营地请校外辅导员，接待我们的就是这位时任雷锋部队政治处组织股股长的赵玉瑞

2003年《华商晨报》组织活动后合影留念，前二排右二是我

"小雅娟，你不认识我了？"我一眼就看到他桌前摆着的名牌 —— 赵玉瑞，心想：这人我不认识啊……那时，我都 50 多岁了，他还这么叫我，一定是小时候就很熟悉我的人。可他是谁，我实在记不起来了，只好说："首长，真不好意思，想不起来了。"

"想不起来了？忘了？你当年还是个小丫头啊！找我去请雷锋做辅导员，一开口就要五个，还必须要有雷锋！"

我一听马上说："哎呀，您是刮胡子的那个叔叔吧？"

"对呀！"

"哎呀，叔叔，可算找到您了。当年太小不懂事，您帮了我们那么大的忙，批准雷锋做我们辅导员，完事后连您是谁、姓什么都不知道。这些年我心里一直记着这事呢……"

当年那个聚会的录像还有，照片也有，有时间我还会拿出来看看。一直以来，我都很感谢这位刮胡子的叔叔 —— 赵玉瑞，正是有了他的帮助，才让我们心中的美好愿望成为现实！

与雷锋叔叔见面的那一刻

不久，学校召开聘请校外辅导员大队会。

这个大队会是在抚顺市望花区第一建筑公司俱乐部（也叫安装俱乐部）召开的。

那是 1961 年 9 月初的一天，这是我们整个班级从望花区中心小学转到当年的抚顺市望花区本溪路小学参加的第一次少先队大队会。

这天，天气格外晴朗，我们排着整齐的队伍，迎着火红的太阳，一路歌声、一路欢笑地走进了俱乐部。当大家依次坐好后，大队辅导员刘颖老师走上主席台，宣布："同学们，我们盼望已久的一天终于到来了，让我们以热烈的掌声欢迎我们的校外辅导员 —— 解放军叔叔！"会场上立刻掌声如雷，经久不息。

当看到四位解放军叔叔迈着矫健有力的步伐向我们走来时，同学们又开始交头接耳地议论，都在猜测：哪位是雷锋叔叔？

四位解放军叔叔走上主席台，听大队辅导员介绍后，我们才知道，原来前边那个小个子就是雷锋叔叔。我们曾经听大人说过，雷锋叔叔是个先进人物，又是抚顺市第四届人民代表大会的代表，所以在我的心里，一直以为他是个高大魁梧的人呢。

当辅导员宣布给校外辅导员敬献红领巾的时候，我那颗激动的心啊，开始怦怦跳个不停，因为今天辅导员老师已经告诉我，让我给雷锋叔叔戴红领巾。当我怀着忐忑不安的心情走上主席台，走到雷锋叔叔面前时，他慈祥地对我微笑着，我立刻感受到了一股温暖的气息。当我认真、拘谨又快速地给雷锋叔叔戴上红领巾的那一刻，雷锋叔叔笑着用我不太听得懂的湖南口音问我上几年级了、叫什么名字，这时，我紧张的心情才逐渐平静下来。这是我第一次亲眼见到雷锋、见到英雄，也是第一次近距离地接触雷锋。我见到的这个雷锋叔叔，给我留下的印象太深刻啦！

他矮矮的个子、圆圆的脸型、小眼睛、单眼皮，笑起来两只眼睛几乎要眯成一条缝了。他那和蔼可亲的言行举止、抑扬顿挫的地方口音、温暖如春的亲和话语，一下子就把我的紧张情绪给赶跑了。因此，雷锋叔叔的样子，我一辈子都清清楚楚地记在了心里。

大队会上，雷锋叔叔给我们讲述了他的苦难童年。他指着手上的伤疤，泣不成声地讲了起来。当讲到他一家五口人在不到两年的时间里，被旧社会夺走了四个人的生命时，我们的心中立刻燃起了愤恨的怒火！可怜的小雷锋，七岁就成了一个孤儿！听到这里，台下的同学们早已哭成了泪人。

过了一会儿，雷锋叔叔稳定了情绪，开始放高声音讲道，是党和毛主席、解放军解放了他的家乡，把他从苦海中解救出来，给了他第二次生命。从此，他和全国人民一起站了起来，当家做自己的主人，开始了新的幸福生活，他万分感谢党、感谢毛主席。这时，全场立刻又响起了一片热烈的掌声，似乎都在祝福雷锋叔叔开始了新的人生。

大队会结束了，我们激动的心情却久久没有平静下来。那一天的情景，在我的生命中留下了深深的烙印：旧社会劳动人民是多么的苦难；生长在新社会的我们是多么幸福和快乐！从此，红领巾把我和雷锋叔叔紧紧地联系在一起，一直伴随我成长、进步，一直引导我传递友善、传递雷锋精神的温暖和力量。

后来，我们学校开展了和雷锋叔叔比童年的活动，和雷锋叔叔一比，我们才感觉自己现在的生活太好了，从而更加珍惜当下来之不易的生活、学习条件与环境。

就这样，在自然而然的辅导中，雷锋叔叔走进了我们学校、走进了我们班。我和同学们的人生，从此翻开了新的、有着重大变化的一页。

常说，我们不和别人比，做好自己的事情就可以了。因为不比较，就会心气平和，专心做自己的事情，可以保持一颗平常心。在各种诱惑层出不穷的今天，要做到这一点，其实很不容易。

所以，不和别人比，这话一点也没有错。

可是，换个角度来看，却发现有时候在比较之后，对一些事情的认识可能会有新的认知，这有可能打开一个让人震撼不已、影响深远的新天地。

辅导我一生

我们那个班

记得雷锋叔叔刚做我们校外辅导员不久，我们班发生过这样一件事。

这天，第四节课是地理课，教我们地理的老师年纪比较大，有的同学给他起了个"小老头"的绰号。他说话慢慢悠悠，有时还听不清他讲些什么。所以一上他的课，大家就心烦，每次他来上课，教室里总是乱哄哄的，老师也感到很头疼。可是，这一天上课铃声刚刚响过，挨着门口的一个同学往外看了一眼后，回过头说："来了，来了！"多数同学还不知是怎么回事，一下子整个教室突然变得鸦雀无声。可能老师也在纳闷，今天这个班怎么这么安静？可当老师前脚迈进教室、后脚还没有进来时，就听到我们班有的同学唱起《大炮轰破金门岛》（这首歌是当时和雷锋叔叔一起做我们校外辅导员的于增水叔叔教我们的），紧接着，全班一起唱了起来。这可把老师气坏了，他扭头就走，到教导处把教案一摔，说："这个班我没法教了，轰蒋介石的大炮都轰到我头上了！"过后，教导处的领导狠狠地批评了我们。那时我们才十二三岁，正是处在叛逆期，才会做出这么过分的事来。现在想起来，觉得真的是太过分了，实在对不住老师。

雷锋叔叔知道这件事情后，就和我们推心置腹地聊了起来。"假如你是老师，面对学生这样给你难堪，你会有怎样的感受？"

我们的脸"唰"地一下红了。雷锋叔叔说，做事情，一定不要瞎起哄，只图一时高兴，而要多想想别人的感受，这样，你做的事情才不会伤害别人。既然我们不想受到伤害，那我们为什么要伤害别人？即使这种伤害不是故意的，只是瞎起哄，但它也是伤害啊！雷锋叔叔的话，句句都深入我们的心坎，我们不仅听了进去，而且在日后的学习中，再也不干这种瞎起哄、伤害老师和他人的事情了。

那个时候，我们班虽然纪律散漫，但大伙的心很齐，争强好胜不示弱，优越感比较强，因为我们同学的父母大多数都在上班，家里各方面条件比其他班的同学要好一些。比如，我们同学家住的都是楼房，另外那三个班，大多数同学都住在平房，冬天我们住的楼房都是公家统一供暖，而他们的家里却是自己烧煤炉，且他们多数都是父亲一个人上班，母亲是家庭妇女，没有文化的多，孩子也多，家里负担就更大一些。这样，相对而言，生活条件就没有我们班同学好。

举一个例子。班里开家长会时，都把课桌摆在四周，我们班有的同学从家里拿来花床单铺在桌子上，有的把家里的花盆搬来放在教室里，还有的同学拿来自家的暖壶，总之，把教室布置得非常好看。可别的班基本上做不到，因此他们很羡慕我们班。

因为生活条件好，我们班的同学有浪费现象，讲吃、讲穿、讲打扮的自然就比较多一些。像在上学路上遇到地摊中有卖什么"山里红""洋姑娘"、野山梨或者爆米花之类的，有的女同学买了没地方装，也不管三七二十一，就撩起裙子一兜，边走边吃……

毛病尽管不少，但优点也很多。我们班同学都比较聪明，思想比较活跃，能歌善舞，爱好体育，在诸如学校举办的文艺汇演、体育竞赛中，我们班总能拿到一些奖项。

淘气、捣蛋、调皮……对这么多令人头疼的瞎胡闹，一般情况下，人们都会摇头叹息，做出这样的反应：唉，多可惜呀，这么好的时光都浪费了！

辅导我一生

可是，孩子们为什么会这样？几乎很少有人去想这些行为背后的事情。

许多时候，就是因为缺少这一步，人们才看山就是山，看水就是水。如果换位去思考，打开的天空，发现的东西，可能会令人大吃一惊。

002

我们的知心人

我心中的雷锋 / 检查作业 / "找宝" 游戏 / 给脸就上鼻梁 /

让饺子 / 补袜子 / 总是在看书 / 学习也要讲方法 /

雷锋叔叔和我说悄悄话 / 理想在哪里

　　有时候，一个人，一个举动，可能足以影响一群人的一辈子。

　　小事，往往不小。

　　可是，我们在生活中，却往往忽略了这些小事，认为它仅仅是小事一桩，何足挂齿？

我心中的雷锋

雷锋叔叔做我们的校外辅导员不久，一天我去他所在的部队，在连部走廊里的墙上看到了一幅连环画，上面有非常醒目的"毛主席的好战士"七个大字。这个连环画上面有叔叔小时候的苦难童年，有叔叔上小学、当农民开拖拉机、当工人开推土机、当战士驾驶汽车等各时期的照片和事迹。

看到这些，我兴奋极了。我们的辅导员还是毛主席的好战士，一种自豪感涌上心头，从那一刻起，雷锋叔叔在我心里不再是一个小个子叔叔了，而是一个非常高大的英雄！因为对雷锋叔叔的羡慕，当时在我的心里便萌生了一个念头：长大了我也要像雷锋叔叔一样当个解放军，做一个毛主席的好战士。

雷锋叔叔担任我们辅导员虽然不到一年的时

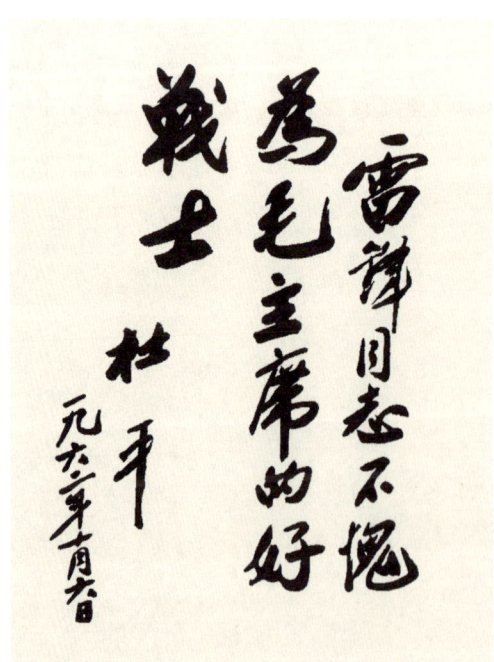

时任沈阳军区副政治委员兼政治部主任杜平题词

间，我们和雷锋叔叔接触的时间也很有限，但每次都能让我们在学习、生活中遇到的一些点滴小事上，懂得了很多做人做事的道理。在我的少年时代、在雷锋叔叔身边，他对我们的热心辅导和帮助给我留下了许许多多幸福美好的回忆，让我永志不忘，受益无穷，每每回想起来，总好像还在昨天。

1960 年 11 月 26 日，原沈阳军区机关报《前进》发表长篇通讯《毛主席的好战士》

检查作业

有一天中午放学后，我们背着书包就跑到雷锋叔叔所在的部队。他见我们都背着书包，就问起我们作业完成了没有，让我们拿出作业本，他要检查。我们都顺从地把作业本拿给了他。

他发现我们有乱撕本子的现象，说："怎么，你们读书还'吃'书啊？"这一问，问得我们都不好意思了。

接着，雷锋叔叔把我们领到一个木箱前。打开箱盖，我们这些小孩子好奇地全都往里看，发现有螺丝钉、牙膏皮，还有汽车上的零件等等，全是旧的。那时我们都是小孩子，不懂事，就直截了当地问："雷锋叔叔，你捡这些破烂干啥呀？那钉子，俺们在路上经常能遇到，你若是想要，俺们帮你捡。"

雷锋叔叔从箱子里拿出一颗螺丝钉，对我们说："别看这螺丝钉小，可来之不易呀，工人叔叔要把一块大铁做成一颗颗小小的螺丝钉，得花费他们的多少劳动和汗水呀。别看螺丝钉小，它的作用不可忽视，比如一架大机器上边，缺少一颗螺丝钉，这个机器就不能正常运转了，所以螺丝钉虽小，作用可大着呢。现在我们国家还一穷二白，要建设一个富强的国家，还要靠我们每个人自觉养成艰苦朴素的好习惯，在平时生活中从节约一滴水、一粒米、一分钱、一度电、一张纸做起，这也是为国家做贡献！"

雷锋叔叔语重心长的一席话，让我们很受教育和启发。后来，雷锋叔叔又帮我们班准备了节约箱、储蓄箱和针线包。这就是著名的"雷锋三件宝"。从那以后，我们班同学在日常生活中，也注意从点滴小事做起：路上碰到钉子之类的东西，就捡起来放到节约箱里；买本子剩下的零钱和过年爸爸妈妈给的压岁钱也不乱花了，存到班里的储

雷锋叔叔在汽车旁给我们讲节约箱的故事。这张照片首次发表于 1962 年 4 月 5 日的《解放军报》。把手搭在"节约箱"字旁的便是我（摄影 张峻）

蓄箱；班里的桌椅板凳坏了，学着自己动手修理；大家再也不乱撕本子了，有的同学一本多用，正面写铅笔字，背面练钢笔字，最后练毛笔字……在雷锋叔叔的帮助下，我们逐渐养成了爱勤俭、爱节约的好习惯，爱护公物、爱护物品的意识在我们头脑中扎下了根，班里艰苦朴素、勤俭节约的现象蔚然成风。

原来节约箱上面没有字，后来摄影记者张峻叔叔拍雷锋叔叔在汽车旁给我们讲节约箱故事的照片时，雷锋叔叔让他写上"节约箱"三个字。如果没有"节约箱"那三个字，照片上呈现出来的就是一个普普通通的木箱子，大家可能根本就不知道那是什么东西、它有什么价值。从这里，我们也能看出，雷锋叔叔是一个细心的人，他很重视细节。

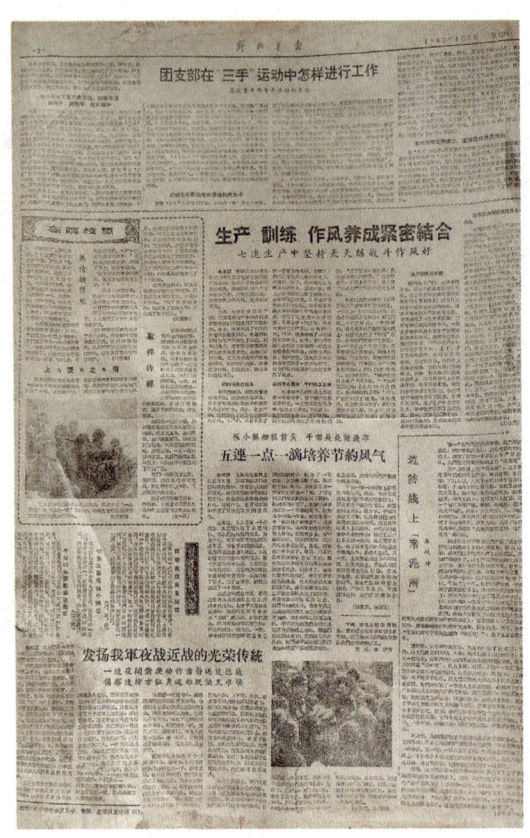

1962年4月5日《解放军报》

　　在与我们的日常接触中，雷锋叔叔总是通过一些小事耐心地启发我们怎么去认识，乃至怎么去做。因为他面对的是一群孩子，他不讲通篇大道理，也没有必要讲那些东西。即使这样，他讲的话我们当时都入脑入心了。多年之后，大家还能牢牢记住其中的一两句话就不错了，但"节约箱"这三个字和这件物品，以及围绕它发生的故事，我们至今都记得清清楚楚。

辅导我一生

"找宝"游戏

有一次，雷锋叔叔和老师带我们到公园去玩"找宝"游戏。

所谓"找宝"，就是雷锋叔叔和老师用自己的钱，买了一些学习用品，比如小刀、橡皮、铅笔等。公园里一个有树木和杂草的小山坡，老师让我们在原地背对着小山坡等着。雷锋叔叔和老师上去藏纸条。藏好后，老师给我们讲了游戏规则，只听一声令下，我们一阵风似的跑向小山坡"找宝"去了。

找了一会儿，我先和几个找到"宝"的同学赶忙跑回来，向老师和雷锋叔叔报告。我手举着纸条高兴地说："雷锋叔叔，我找到两个。"过了一会儿，找到"宝"的同学陆续跑回来。最后回来的同学有的噘着小嘴，还有一个女同学竟然难过地哭了。这时，雷锋叔叔拍着我的肩膀说："去，把你的给她一个。"我跑过去给了她，她开心地露出了笑容。

活动结束往回走的路上，雷锋叔叔对我说："你是班级干部，以后呢，要注意关心同学。不管干什么，不要光顾自己高兴，也要让同学们都高兴。"我使劲儿点点头，似懂非懂地答应了。

有一个同学曾经和我家同住一栋楼。她们家孩子比较多，她是老二，所以每天放学回来，都得帮她妈妈干点活，照看弟弟妹妹。这自然就影响到了她的学习。为此，我经常到她家去，帮她补习作业。她妈妈看到我对她孩子这么关心，也非常高兴。她妈妈可会做吃的了，有时做好吃的就非留我在她家吃不可。她还逢人就夸，说我真是个懂事的好孩子。

从此以后，我进一步加深了对雷锋叔叔教育我做人道理的理解。

可以说，雷锋叔叔是我人生道路上最杰出的一位启蒙老师。

他用十分朴实的方式，把做人做事的道理点点滴滴地传递给我们，启发着我们成长和进步。

人格修养，就在这一点一滴之中。

为人民服务，也就在这一点一滴之间。

辅导我一生

给脸就上鼻梁

我们班同学中，有的个头跟雷锋叔叔差不多一样高，像我属于中等个儿，比他矮一点。再加上他长个娃娃脸，一见面就和大家握手，嘘寒问暖，让人心里总是感到热乎乎的。其实，就是因为他是解放军战士，我们才叫他雷锋叔叔。在我们心里，他更像一个非常阳光的大哥哥，和他在一起，没有老师和学生之间那么大的距离感。

学校没有围墙，部队也没有，两个单位只隔一条土马路，因此，大家去部队很方便。可是，我们还是孩子，有时也是"给点脸就上鼻梁"。不管人家烦不烦，有没有事，反正只要是节假日我们有空，就一个劲儿地往部队跑。

那时，我们是半日制上学。有时中午放学后也背着书包就往部队跑。

只要能看到雷锋叔叔一眼，得到雷锋叔叔一句安慰的话，我们就觉得很高兴、很知足。当时大家之所以往部队跑，就是因为想要这种温暖的感觉。我们总感到：在家里，我们常常是一个被训斥的孩子；在学校，我们常常是一个被约束的学生；只有在辅导员雷锋叔叔面前，我们才是一个自由自在、受欢迎的小客人。因此，我们有什么心里话，都愿意对雷锋叔叔说，甚至诸如有的同学在家里挨了父亲的打这样难以启齿的事，也愿意和雷锋叔叔说，似乎想让他给评评理，即使被雷锋叔叔批评了，心里也感到很舒服。所以，每次和雷锋叔叔在一起，总感觉时间过得太快，每次离开的时候，心里总盼着下次再早一点见面。

十二三岁的孩子，不太懂事，有时候能看出点眉眼高低，但更多的时候是看不出来的。所以，我们就觉得雷锋叔叔不仅愿意听我们倾诉心中的委屈和快乐，而且愿意和我们一起分享这种感情。自然，雷锋叔叔就被大家视为最知心的人、最值得信任的人。

信任，很难用三言两语说清，但是可以用一个比喻解释明白：没有距离，没有遮拦。

因为坦诚，裸露出内心的本真，所以才会激发内心的共振，才会让大家的心褪去掩饰。打开心扉，自然就赤诚相待。

所以，信任就是没有距离的心与心的真诚相待。

让饺子

有一个星期天，我们几个同学跑到公园去玩，玩累了，一个同学说："走！咱们去找雷锋叔叔吧。"于是，我们一起跑到公园北门对面的雷锋叔叔部队营房。走到雷锋班宿舍前，我们趴到窗户跟前往里一看，叔叔们正在吃饭。在大铺床上放着三个装着饺子的铝盆，叔叔们各自端着饭碗，一边吃一边从盆里往自己碗里夹饺子。

见到这情景，我们有点不好意思。正回头要走，雷锋叔叔看到了，他来不及放下碗筷，急忙迎了出来，笑着说："别走啊！你们吃饭了

当年雷锋连队的营房

吗？"我们没顾上回答，好奇地问他："雷锋叔叔，你们吃饺子咋不分呢？"雷锋叔叔笑着用湖南口音说："我们 těn zhì yà dǒu yóu zǐ juě xìng（我们同志呀都有自觉性），大家互相谦让，不用分的。"

那个年代国家经济很困难，部队难得吃上一顿饺子，这一次恰好让我们赶上了。部队是这样，我们地方也一样。由于处于困难时期，我们在家吃什么饭都是要分着吃的，有时难得吃上一顿好点的，常因为分多分少、大了小了，兄弟姐妹之间偶尔还要争吵。

这回，见解放军叔叔吃饺子都不用分，还能互相谦让，真的让我们受教育了。打那以后，每次家里再做好吃的，我都会主动让着妹妹们。

当时在雷锋班见到的这一幕，给我留下的印象太深了，以至于几十年过去了，我都记忆犹新。

辅导我一生

谦谦君子，一直以来都是人们赞扬的品德。

我理解，谦，就得谦虚，就得把自己虚化、把别人实化。让出自己，才能有空间纳入别人。所以，才有了"谦让"这个词。

在衣、食、住、行，乃至名、利等涉及每一个人切身利益的时候，是否都能做到谦让？这些关键时刻，做到了，也就过关了。

小谦让多了，大谦让也就自然做到了。

补袜子

有一次，我们到部队去找雷锋叔叔，正好看到他坐在床头边，在补一双袜子。这双袜子是棕色高筒的，已经打上了好几块各种颜色的补丁。我好奇地问雷锋叔叔："叔叔，你也会补袜子啊，你给谁补的袜子？"

雷锋叔叔笑着说："这是我自己的袜子啊。"

雷锋叔叔在补袜子（摄影 季增）

"解放军叔叔还穿这么破的袜子？"

"别看这双袜子破了，我小的时候连这样的袜子都穿不上呢。今天我能穿上这样的袜子，已经感到很幸福了。今天我穿上它，照样为人民服务！我们国家还很穷，我们都要注意节约，节约也是为国家做贡献啊！"

雷锋叔叔掰着手指头，给我们算了一笔账："如果每个人每天能够节约1分钱，6亿人口每天就节约600多万啊！想一想，这600多万元能干多少事啊！"

打那以后，我也学着辅导员的样子，试着自己补袜子，再也不总嚷嚷着让妈妈给买新袜子穿了，爸爸妈妈夸我懂事了。

节约不是丢人的事，不节约才丢人。

小时候，这个道理，有时候心里明白，却难以在行动中贯彻下去。

其实，那还是心里没有真明白、没有真懂，还在面子之类的事情上纠结着呢。

总是在看书

雷锋叔叔所在的部队组织战士看电影，经常到我家附近的抚顺钢厂俱乐部，每次来看电影都要从我家门前的一条小路走过去。这时候，只要能看到雷锋叔叔在队伍里，我都急忙跟爸爸妈妈要几分钱，跑出去跟着部队一起去看电影。不管这电影看没看过，只要能多看到雷锋叔叔一眼，也高兴！

最让我纳闷的是，每次看电影，在电影放映之前的十几分钟，别人在说说笑笑，而雷锋叔叔却总是手捧一本书在聚精会神地看。是啊！我们到部队营房找他，经常会看到，只要是休息时间，他不是坐在床边，就是在外边的树底下，也是手捧这本书在看。

有一次，我们已经悄悄地走到他身旁了，他还没有发现我们。这回，我终于忍不住了，问他："雷锋叔叔，你看的是什么书啊？这么吸引你！怎么总看你看这本书，看也看不完呢？"

雷锋叔叔指着手里拿着的书，笑着对我们说："这是毛主席的书。只有毛主席的书，我一辈子也看不完！"我们更不理解了，如果我们要想看一本故事书，开几个"夜车"也能看完啊！怎么他……

雷锋叔叔似乎看出了我们的心思，为了让我们理解读毛主席著作的好处，就打比方地问我们："你们说，人不吃饭行不？"

我们说："不吃饭那不饿死了？"

"是啊！人活着要吃饭，那打仗没有武器行吗？"

雷锋一有时间就拿出这本书来读
（摄影 张峻）

我们说："那不让敌人一个枪子把我们打死了？"

"是啊！打仗没有武器不行！我是一个汽车驾驶员，开车没有方向盘，车跑起来非翻车不可。所以呀，我们干革命不学习毛主席著作不行！看毛主席的书能让我们懂得好多道理呢，你们还小，长大了就知道了。你们现在懂得听毛主席的话就好！"

后来，他送给我们班三本毛主席著作单行本——《纪念白求恩》《愚公移山》《为人民服务》，让我们从小读毛主席的书，听毛主席的话，做毛主席的好学生。这对我们一生都产生了重大的影响。

移动互联网的深入扩展，使得人们读纸质书的时间越来越少。由此出现了一个新名词：低头族。也就是说，大家不是在看书，而是低头看手机，以此代替了以前看书看报那种获取信息的方式。可是，手机、电脑在方便大家的时候，也带来了另外一个问题：浅阅读。

当下这种碎片化的阅读，往往流于表面，虽然信息量增加不少，可是思考的深度却大打折扣。人们的学习难以系统、深入，掌握的信息也良莠不齐、真伪难辨。

这个时候，不仅要重视学习的方式，还要重视学习的质量。尤其是当机器人代替人类的一些机械性工作后，人的高质量学习，尤为重要。否则，人连机器人都不如，人的价值何在？

学习也要讲方法

有一次，我们学习小组在家住一楼的庄素华家学习，被一道应用题难住了。大家正愁眉不展时，只听一个同学突然喊了一声："你们看，雷锋叔叔！""雷锋叔叔？"我们立刻趴到窗台上，随即喊了起来。已经走过去的雷锋听到喊声，立刻转过身来走到窗前，笑着问我们在干什么呢，我们回答说："在写作业呢，雷锋叔叔，你进来呗！"

雷锋叔叔笑着说好，他进屋就问我们，作业都完成了吗，有什么困难没有？我们说，有一道应用题怎么也解不开。雷锋叔叔笑着说："让我来试试。"他看了一会儿，就耐心地给我们讲解，不一会儿我们都会做了。大家非常高兴。

雷锋叔叔对我们说，学习中遇到困难不要紧，别着急！总会有解决的办法。你们学习也要学会灵活运用，这种办法不行，再想想另一种解题方法。就像走路一样，这条道走得没有路了，那就再找找别处的，总能找出一条路的。

雷锋叔叔讲道理，从来都是具体、生动、形象，而不是简单概括、平铺直叙。这么一说，我们都很受启发。

后来，我又发现雷锋叔叔在 1961 年 4 月 29 日的日记中，记下了自己的学习公式：

问题 — 学习 — 实践 — 总结

这让我想起了雷锋叔叔曾经在他的《对同学们的希望》一文里说过的话：

> 学习，学什么课程都一样，要用心，要钻进去，要像钉子一样。你们学知识，就像我们开汽车，也要常练习。不练习手就生了。不懂，就应该问。不问，什么时候也不会。
>
> 今天学一页，明天学一页，积少成多。学习，不抓紧时间还行吗？
>
> ……

面对困难，很多时候容易让人产生畏缩、退避的情绪。

雷锋叔叔的"让我来试试"这种积极的态度，十分可贵。不进则退。正因为不进，才会退。退了，就不会进。

所以，进，就是不退。

成功人士，其基因里，一定有"进，就是不退"的理念。

雷锋叔叔和我说悄悄话

那是 1962 年 2 月 4 日，农历腊月三十。除夕，我们班的同学和雷锋连的叔叔们一起开联欢晚会。

晚会开得可热闹了。解放军叔叔有的拿饭盒、有的拿碗、有的拿脸盆当乐器敲打着伴奏。雷锋叔叔还用湖南家乡小调唱了一首歌，尽管我们听不懂，但觉得他唱得非常好听，还没等他唱完，大家情不自禁地拍着小手一个劲地给他鼓掌。雷锋叔叔似乎唱得更起劲了！

就在这个晚会上，雷锋叔叔给了我们几个同学贺年卡，送到我手上时，他悄悄地对我说："雅娟，我给他们的是旧的，给你的是新的。"

雷锋叔叔对我太好了，顿时让我心里感到甜甜的。

后来我才知道，所谓给他们是旧的，是以前别的战友送给雷锋的，于是，雷锋叔叔在上面划掉自己的名字，写上我们同学的名字；他在给我的贺年卡上，则直接写道："送给雅娟小朋友，新年快乐，祝你进步！"

这张贺年卡，我一直精心保存着。雷锋叔叔牺牲后，全国各大新闻媒体记者来学校采访。他们让我们把雷锋叔叔送给我们的礼物拿出来看看，还说，为了更好地宣传你们的雷锋叔叔，你们最好捐出来一些，让更多的人都能看到。当时，我尽管很不情愿，但还是同意了。

多少年了，时间太久，我也记不得这张贺年卡到底被哪个媒体拿走了，还是被哪个博物馆收藏了。但是，雷锋叔叔给我写的那句话，我记得牢牢的，一字不差，永远不会被人拿走，不会被时间冲掉，也不会被岁月抹去！

辅导我一生

理想在哪里

我们班和雷锋连队开完联欢晚会后，在雷锋叔叔打着手电送我们回家的路上，他问我们长大以后都想干什么。听雷锋叔叔这一问，大家都争着说自己的理想，有的同学想当工程师，有的想当作家，有的想当老师，有的想当医生，有的想当画家，等等。

我更是迫不及待，干脆拽着雷锋叔叔的胳膊问："雷锋叔叔，部队要不要女兵啊？"

"要女兵。"

"我长大了，也要像你一样，当兵！"

从小，我就知道，我爸爸就是当兵的，而且是八路军。爸爸曾经告诉我，奶奶领着他从河北省闯关东来到吉林，好不容易盖起了我家唯一的草房，却被日本鬼子烧了，揣着民族恨，爸爸参加了八路军。我一直觉得，我有一个当过八路军的爸爸挺自豪的，后来又认识了雷锋叔叔，对解放军就有一种天然的感情，因此产生了日渐强烈的参军愿望。

大家说完自己的理想，又都急着问雷锋叔叔："我们谁的理想好啊？""你们的理想都不错，人小志大！"说完这句话，他又问大家："可是，为什么没有人想当工人、当农民呢？"面对雷锋叔叔的问话，我们默不作声，似乎感觉到了什么。

雷锋叔叔打开话匣子，讲得很动情。他说："同学们，千万不能忘了，今天我们吃饱肚子不挨饿了，是农民伯伯用辛勤的汗水种下的粮食

雷锋叔叔获得的少先队优秀辅导员奖状

养育了我们；我们穿上衣服不挨冻了，是工人叔叔用辛勤劳动织成的布才使我们有衣服穿了。是劳动人民养活了我们！劳动最光荣！你们一定要记住，长大了，不管干什么，只要是社会主义建设的需要，只要是党的需要、人民的需要，干什么都是光荣的，都是有出息的，都是为人民服务！"

我们边听边想，雷锋叔叔说得对啊。

他还给我们讲他的经历。他说，小学毕业时，很多同学选择了继续上中学，而他的理想有三个，如果祖国需要，他愿意做农民、工人和解放军。事实上，雷锋叔叔小学毕业的理想全部实现了：4年来，他当过农民、当过县委通信员、当过鞍钢工人，现在又是解放军战士，他真正实现了在自己理想的岗位上服务祖国、建设祖国的初衷。

雷锋继续着理想的话题。

他又说，不一定要成名成家。国家建设需要多种人才，做农民、当工人也可以为国家建设做贡献。他还说，每个人能力有大有小，工作岗位不同，发展也不一样，要实事求是，要有各种思想准备。

他还特别叮嘱我们："将来不论干什么工作，在我们国家，大家都是普通劳动者，都是人民的勤务员，你们一定不能做个高高在上的人啊！"

牛年除夕夜，路上话理想。遥想当年这个很有诗意的夜晚，至今我都历历在目。雷锋叔叔的这番话对我触动很大、影响很深。尽管当时还小，不能完全理解其中的深刻含义，但我牢牢记住了，长大了不管干什么，只要是党的需要、国家的需要、人民的需要，就都是光荣的、有出息的。特别是通过以后的不断回顾和学习雷锋的事迹，让我感悟到了脚踏实地树立人生理想的重要性。这对我以后的人生产生了重大的影响。

理想，不在天上，也不在地上，而是"抬头望月，脚踏实地"，这样的理想才有价值，也有实现的可能。

不少家长培养孩子的最终目标，锁定于考上清华、北大或者国外名校。但是，他们可曾想过，成才是否唯有名校一条路？名校毕业之后，孩子要到哪里去？

猴子太想抓住月亮，结果碰到的是月亮在水中的倒影。名校仅仅是人生中的一个小驿站，更大的天地其实在名校之外。

再也等不来的叔叔

最后一面 / 毕业典礼等您来 / 追悼会那一天 /

迁雷锋墓 / 我们班级的变化 / "雷锋不在，还有我"

1962 年 8 月 13 日，与雷锋叔叔的最后一面。

1962 年 8 月 15 日，雷锋叔叔"缺席"我们的毕业典礼。

1962 年 8 月 17 日，作为学生代表送别雷锋叔叔。

1964 年 4 月 5 日，代表 20 万名抚顺少先队员向雷锋墓献词。

最后一面

辅导我一生

　　1962年7月，我们开始放暑假了，放假前，学校大队辅导员交给我一个任务，就是请雷锋叔叔参加我们8月15日新学期的开学典礼，并请他讲话，给我们新学期提提要求、鼓鼓劲！

　　刚放假没几天的时候，我和几个同学就去部队找过雷锋叔叔，他不在，说是外出执行任务去了。多日不见，大家也都想念他了，所以过了些日子，我们又跑到部队去找他，结果还是扑了个空。

　　眼看要开学了，就在8月13日，我们又去部队找雷锋叔叔。路上我一直在想，雷锋叔叔该回来了吧？这回千万别再让我们失望了。果然，当我们刚走进部队营房，就听到他的战友们一个接一个地喊：

　　"雷锋，雷锋，小朋友们找你来了！"

　　听到这一连串熟悉的喊声，我们高兴极了，雷锋叔叔回来了！顺着解放军叔叔手指的方向，我们蹦蹦跳跳地向西车厂跑去，一眼就望到了那辆熟悉的车。我们边跑边喊："雷锋叔叔！雷锋叔叔！"

　　听到战友和我们的喊声，正在检修车辆的雷锋叔叔，急忙从车底下钻出来，摘下沾满油泥的手套，高高兴兴地和我们几个小朋友一一握手。那一刻，我们像久别重逢的亲人，那个开心快乐呀！雷锋叔叔问我们，暑期过得怎么样，作业都完成了没有？我们一一做了回答。雷锋叔叔认真听了我们的报告后说："在过去的一年里，你们虽然取得了一些成绩，也评上了优秀班级，但是不要骄傲！开学是你们小学最后一年，要再接再厉，处处要起好样子（做表率的意思）呀！"当时我们一个劲地点头，向雷锋叔叔保证，一定不辜负他的期望！因为雷锋叔叔马上还有任务要出去，我们只好恋恋不舍地和他握手告别。

临走时，我还一再提醒他："叔叔，别忘了 8 月 15 日参加我们的开学典礼！"雷锋叔叔笑眯眯地说："放心吧！我一定争取赶回来参加。"

可是万万没有想到，这一别竟是永别！

毕业典礼等您来

8月15日这一天，我和同学们带着暑期余兴未尽的喜悦，高高兴兴地来到学校。下午1点，新学期开学典礼就要开始了，可还没看到雷锋叔叔，我们有点着急了。

雷锋叔叔从没失约过呀！大家不时踮脚向部队的方向远眺，焦急地盼望着，心中火烧火燎。突然，我们班有个姓李的女同学走到我跟前，悄声对我说："陈雅娟，听说雷锋叔叔受重伤……"

我一听这话，真蒙了。我急匆匆地问："你说什么，听谁说的？"她说，是她姐姐中午回家吃饭时告诉她的，那时雷锋叔叔还在抢救中。我知道，她姐姐是抚顺市第二人民医院（当时是西部职工医院）的护士。

当时，我听了这个不幸的消息半信半疑，觉得这不可能是真的，前天我们看到的雷锋叔叔还好好的，怎么今天就……我忐忑不安，心里默默念叨：雷锋叔叔可能有事晚来一会儿。我始终抱着一线希望，但心里七上八下，乱糟糟的，校领导和老师在台上讲些什么，我一点儿也没有听进去。

开学典礼一宣布结束，我和同学们就撒丫子似的往部队跑，想尽快弄清楚雷锋叔叔到底是什么情况。跑进部队营区，我们多盼着能像往常一样，听到雷锋叔叔的战友们一个接一个地喊："雷锋，雷锋，小朋友们找你来啦！"

可是，此时，我们连一个这样喊的声音都没有听到。整个营区一片寂静。只见他们有的低头不语，有的满脸泪痕。

此刻，我十分惊恐，心里更紧张了。

我们三步并作两步跑向连部，推开门，看到指导员高士祥叔叔正与在场的一些解放军叔叔说着什么。我急着问："指导员，听说雷锋叔叔受重伤了，是真的吗？我们要见雷锋叔叔！"指导员没有马上回答，而是指着我们，对看上去像是上级来的首长说："这些孩子，都是雷锋生前辅导的学生……"

听到"生前"二字，我立刻追问："指导员，你说什么？雷锋叔叔他真的……"我的声音哽咽了。指导员流着泪告诉我们："孩子们，我们的好战士，你们的好辅导员雷锋，已经因公牺牲了！"

左一为雷锋的入党介绍人高士祥指导员（摄影 张峻）

顿时，同学们都失声痛哭起来。我万万没有想到，8月13日那天，竟是我们和雷锋叔叔的永别！我们哭着说："雷锋叔叔！如果知道有今天，那天我们一定不会离开您啊，您今天也就不会离开我们了！"

那一天，好像做了一场噩梦！

叔叔啊，您就这样匆匆地离开了我们，我们还有好多话要对您说，还想听您给我们讲更多的故事！您可知道，您走后的那些天，我们是怎么度过的？我们饭吃不下去，觉睡不安，睡着了还常常被噩梦惊醒。上课时，我们什么也听不进去，做什么事都无精打采，因为我们满脑子都是您的音容笑貌，就是想念您啊！

我们这些学生想念雷锋叔叔，我们的家长也为我们失去这样好的校外辅导员感到非常惋惜，因为他们眼瞅着雷锋做我们校外辅导员以后，大家各方面都有了明显的变化。

在雷锋叔叔刚离开我们的那段日子里，对我们这些十二三岁的孩子来说，就像天塌下来一样，缓不过神来。老师对我们说："你们再惋惜、再悲伤，雷锋叔叔也回不来了。对雷锋叔叔最好的怀念，就是继承他的遗志，把他没有做完的事情做下去，把他的好传统、好思想、好精神传承下去！"

辅导我一生

追悼会那一天

1962年8月17日，是雷锋叔叔牺牲的第三天，原沈阳军区和抚顺市在望花区人委礼堂召开追悼大会。我们班每个同学扎一朵小白花，做了一个花圈，由我们大队辅导员和班主任喻惠珍老师带队前去。作为学生代表，我也参加了追悼会。

礼堂不大。在拥挤的人群中，我个子小，前面有解放军等大人。为了多看一眼停在前方中间的雷锋叔叔遗体，我基本是一直踮着脚，透过前面大人的缝隙，尽可能看得更细致、更清楚、时间更长一些，就是想弄明白活生生的雷锋叔叔怎么一下子就成了这个样子。

在向遗体告别的时候，我走到雷锋叔叔遗体旁，这下终于清晰地看到了雷锋叔叔……我实在控制不了自己，难过地哭出了声。只听一个人问："这孩子是谁啊？"有人答："这孩子叫陈雅娟，经常到部队去找雷锋。"我多么想再多看辅导员雷锋叔叔几眼啊！可是，后边的人已经走过来了，我只能边走边回头……

追悼会结束后，等在外面护送雷锋叔叔灵车的人群早已是人山人海。灵车慢慢地开过去，我紧紧跟在护送灵车的人群中。跟着，跟着，车速快了起来，我也开始紧随着小跑。跑着、跑着，车看不见了，我顿时感到心里空空荡荡的。

这时，只见路两边的十里长街护送雷锋叔叔的人们还都舍不得离开，只听大人们开始议论起来。有的说："多好的一个战士呀！太可惜

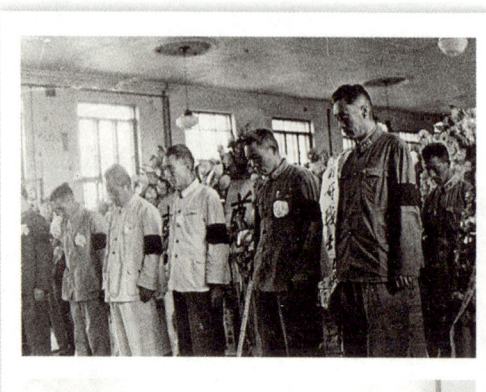

送别雷锋（左上为张峻摄影）

了！太年轻了！就这样走了！"有一个白发苍苍的老奶奶拍着大腿，流着泪说："雷锋这孩子太苦命了，刚过上几天好日子呀，这人怎么说没就没了，好人啊！"

好人，感人。多少人即便拥有了显赫的地位和惊人的财富，却怎么也及不上雷锋叔叔在人们心中的分量。送别雷锋叔叔的活动本身，就是叔叔给我们做的最后一场感人、深刻、独特的报告！

雷锋叔叔他没有走！他永远活在我们心中！

迁雷锋墓

1964年4月7日《抚顺日报》报道迁雷锋墓的情况

活动具有仪式感，会使人们生发敬畏、尊崇之情，怀揣铭记、回放之心，从而在不断的回味中，深化对这一活动，以及对当事人的认识、记忆和感受。

1964年4月3日，我参加了抚顺市举行的雷锋墓迁葬仪式。雷锋墓从新抚区葛布烈士陵园迁移到望花区当时的西公园，也就是现在的雷锋公园。迁葬仪式很庄重，这回我能亲手给雷锋墓培上一把土以缅怀我的辅导员雷锋，似乎在心理上让我有了一点宽慰。

想起1962年8月17日那天，我虽然参加了雷锋叔叔追悼大会，但因为我们还小，领导不让跟车去墓地，我只能哭着一直跟在送灵车的人群中，默默目送雷锋叔叔的灵车渐渐远去，想起来心里一直很难过。这回我的辅导员雷锋墓地就在我们学校附近，我可以经常到这里看他了。

4月5日清明节这天，抚顺市各界人士在雷锋墓前举行了万人纪念大会。在这个纪念大会上，我荣幸地代表全市20万名少先队员向雷锋墓献词。那天，天非常冷，风也大，我的发言稿差点被风刮走了。尽管手被冻得直发抖，但我坚持了下来。随后，我向雷锋墓恭恭敬敬地敬了一个队礼！心里默默地说：

安息吧，辅导员！我永远的雷锋叔叔！

我们班级的变化

雷锋叔叔给我们当辅导员时，离他小学毕业摘下红领巾，也仅仅是 5 年的时间。但是，我们都喜欢他，把他当成亲密的朋友和学习的榜样，从中懂得了很多做人做事的道理。我们都觉得，跟着雷锋叔叔就总是在进步。

那时候，雷锋叔叔穿的是越洗越白的浅黄色军装。几年后的 1968 年，我到部队的第一套军装也是这个颜色。我们刚接触雷锋叔叔时，他说话快，又是湖南口音，而我们是在东北长大，他讲的话我们经常听不太懂。我们同学的小手啥都抓，不是很干净，有时听不懂雷锋叔叔说话，就拽他的胳膊或衣角，嘴里还不断地说："叔叔，你慢点说，慢点说。"我想，只要去找雷锋叔叔，等我们走了以后，雷锋叔叔就该洗衣服了。

即使这样，雷锋叔叔对我们从未不耐烦。他不管怎么忙，只要我们到了部队，只要那会儿他在部队，他都会非常热情地接待我们，对我们非常耐心，我们能无拘无束地和他聊天。每次接触，他都会给我们一种幸福感和满足感。

看到我们对雷锋叔叔这么亲，雷锋叔叔的战友们都特别羡慕他。

给我们当辅导员的这一年，雷锋叔叔确实付出了很多心血。在他精心、细心、热心的帮助下，我们班的同学逐渐克服了很多不好的习惯。比如纪律涣散，上课时爱做小动作、瞎起哄；比如不懂节约，讲吃、讲穿、讲打扮、爱吃零食……雷锋叔叔以他的言传身教，对我们产生了潜移默化的影响，并且在我们的日常生活、学习中表现出来：课堂纪律越来越好；同学之间也越来越团结；讲吃、讲穿、讲打扮的少多了，大家不乱花零钱，买书买本剩下一分两分的也不去买零食吃了，都存到班级储蓄箱里去，不少同学开学交学费也不跟家长要钱，从自己在班上的储蓄箱里取钱交；桌椅板凳坏了，自己动手修，袜子坏了也学着自己补……我们这些一点一滴的进步，连家长都看得很清楚。

我们班有个同学叫周重庆，父母早逝，他和妹妹来到同父异母的姐姐家一起生活。他姐姐已经有了四个孩子，再加上周重庆兄妹俩，确实给他姐姐家增加了很大负担。他姐夫身体又不好，全家生活的担子压在他姐姐一个人身上。因为他们兄妹俩的到来，他姐姐又经常承受他姐夫的斥责。

在这样的生活环境里成长，对小小的周重庆来说，确实很不容易。但是，他很懂事，学习好，又是我们班的中队长，做什么都很用心，雷锋叔叔也很喜欢他。他跟雷锋叔叔学会了补袜子，不但自己的袜子坏了自己补，外甥、外甥女的袜子坏了、衣服扣子掉了，他也都帮着补、抢着缝，减轻了他姐姐不少负担。他姐姐逢人常说："这弟弟，给个好女孩都不换！"

我们家与他姐姐家住在一个楼层。有一次，他自豪地对我说："我跟雷锋叔叔学会补袜子了，你会吗？"说着，他顽皮地脱下袜子，举给我看。我捂着鼻子要跑，他却一脸严肃："真的，我补得可好了，不信？你袜子破了，拿来我给你补。"

雷锋叔叔辅导我们虽然只有近一年的时间，但在讲英雄故事、谈心等日常交往中，他言传身教。爱心、友善、助人为乐、勤俭节约……这些传统美德如同优良的种子，一次次播撒进我们这些懵懵懂懂的少年心田，慢慢地发芽、开花、结果。因为有了雷锋叔叔的帮助和教育，才有了我们班的变化：我们在学校经常能听到老师的表扬，回到家里也能听到爸爸妈妈的夸奖。后来，我们班成为全校优秀班级。

　　好雨知时节，当春乃发生。

　　随风潜入夜，润物细无声。

　　杜甫的这首诗，形象地揭示出雷锋叔叔辅导我们的过程、结果，以及中间诸多只可意会不可言传的感受。雷锋叔叔的一系列教导，就是滋润我们心灵的好雨。

辅导我一生

"雷锋不在，还有我"

雷锋叔叔牺牲后，好长时间里，我们都难以振作精神。老师看到这个情况，就对我们讲："同学们，大家心里不好受，我也不好受，但总不能这样下去啊！你们只有化悲痛为力量，更好地学习、成长，才能让辅导员安心、放心啊！"老师语重心长，点醒了大家。

如何化悲痛为力量？如何让辅导员雷锋叔叔安心放心？突然，我想到，曾经听人讲，在抚顺有一位烈属大娘叫张士霞，她听说雷锋牺牲了，非常悲痛。她为了表达对雷锋的怀念和感激之情，还用雷锋教她认的字，拿粉笔在一张大红纸上写下了雷锋对她的好处，算作一封表扬信送给了部队。

原来她家的菜地与雷锋叔叔所在部队仅仅一地之隔，1961年，雷锋叔叔和张大娘在菜地里干活的时候认识了。他听说大娘的长子李景祥在抗美援朝中牺牲，雷锋叔叔童年时也失去了亲人，这让他们之间有了共鸣，一下子拉近了他们的心。

张大娘一看到雷锋，就像看到自己的大儿子一样，因此雷锋叔叔也把张大娘看作自己的母亲。雷锋叔叔主动帮助张大娘学文化、打理菜园子，赶上出差时，还委托班里的战友照料张大娘。雷锋叔叔和张大娘的感情非常深，有一次过节，部队发个苹果他都舍不得吃，给张大娘送去了。就像张大娘所说，雷锋照顾她那个细心劲儿，比亲儿子还亲。

现在雷锋叔叔不在了，那我们就把他帮助张大娘这事儿继续做下

小学六年级的我帮助张大娘学文化　　　和张大娘一起学文化

去，不就是像老师说的那样，化悲痛为力量，继续完成雷锋叔叔没有做完的事吗？

于是，我通过打听，找到了张士霞大娘家，她听说我是雷锋辅导过的学生，对我可亲热了。自打那以后，我经常去看望她，也开始帮助她学文化，后来我又组织我们学习小组的同学一起去，大家把平时节约下来的钱买了一些笔和本，又买了写字板教张大娘继续认字、读书、学文化。有时，还帮她干一些力所能及的家务。

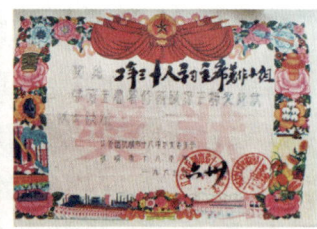
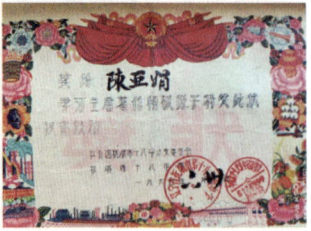

我们当年的学雷锋小组，从左到右为：我，邹静坤，　　我学毛泽东著作获得的奖状
赵晓平

张大娘给我们讲雷锋的故事

可以说，我们组织的这个活动小组赓续了雷锋照顾张大娘的初心与责任。张大娘高兴地说，看到你们，就像看到雷锋一样，你们真是雷锋的好接班人哪！从此，我们和张大娘之间也建立了深厚的感情和友谊。

那个时候张大娘也就 50 多岁，有精力，记忆力也好，学习劲头更足了，因此进步也快。慢慢地，她认识了不少字，以后不但能正常看书读报，还写了不少东西，经常到社区、学校、雷锋纪念馆讲雷锋事迹，也成了雷锋事迹宣传员，积极为弘扬雷锋精神做贡献！

后来我到沈阳当兵，特别是调到大连以后很少回抚顺，和张大娘的联系就少多了。1987 年转业回到抚顺后，我就去找张大娘。我先去雷锋纪念馆打听，有的人说她可能不在了吧。我不放弃，又到张大娘当年住过的地方去找。邻居说，她家搬到市里去了，在什么地方不清楚。我再到派出所，请他们帮助查找。

派出所的同志大力支持，终于查到了，张大娘住在新抚区粮站街。哎哟，我真高兴！听说我要找的张大娘就是雷锋的干妈，派出所的同志可热情了，陪着我一起到张大娘家。进门后，我说："大娘，您还记得我吗？"她说："哎呀，你不是陈雅娟吗？你怎么才来看大娘啊！"说着，我们娘俩抱到一起痛哭起来，陪同我一起去的那位派出所的同志也被感动得流泪了。那天，张大娘向我们又讲起雷锋，还拿出照片，同大家一起看。从那以后，我经常去看望她老人家。

张大娘待我像亲女儿一样。一次，她听说我病了，就买水果来单位看我。我当派出所所长时，张大娘听说我经常跟烟贩子打交道，面临不少危险，心里总惦记着。有一天，她一路打听着，找到了我们派出所新搬迁的地方。看到了我，她说："闺女，这两天，没有你的消息，快把我吓死了！你没事吧？"我心里十分感动，一股暖流涌遍全身，眼睛不由得湿润了。

张大娘过92岁、98岁、100岁的生日，都是我提议帮着操办的。我邀请雷锋团、雷锋班的战友和我们班同学，还有社会上学雷锋的知名人士、好朋友等，大家一起去给老人拜寿。

她老人家百岁生日时穿的那件红衣服，就是我领她到抚顺百货大楼买的。给大娘穿上后，我把她领到一个大镜子跟前，让她看看自己漂亮不。看到镜子里的自己，大娘惊讶地问："这是谁呀？"我说："大娘，这是您呀！""哎呀！我有这么好看吗？"

老人家开心、幽默，笑声爽朗。帮她试衣服的售货员也被逗笑了。此情此景还吸引了从我们身边路过的人们，他们惊讶地围观过来，有的好奇地问："这老人是谁呀？这么逗！"我就给大家讲："这老人家啊，是雷锋的干妈烈属张士霞老大娘。她明天百岁生日，我给老人家买件新衣服穿。"他们说："哎呀！您太好了，这老大娘太有福气了！"大家共同为老人家热烈地鼓掌，祝老人家生日快乐！

老人家长寿，活了102岁。遗憾的是老人家临终时，我不在她的身边。当时，我正在北京照顾出生不久的大孙子。她老人家走的时候，她的二儿子（我一直视他为二哥）考虑到我这个情况，就没有通知我。过了一段时间后，他们才告诉我。回抚顺后，我请她的孙子领我到老人家的墓前，献上一束花，以表达我深深的哀思。

给张大娘过百岁生日

　　"老吾老以及人之老"。尊老爱幼，助人为乐，这是雷锋精神的一个重要内容。雷锋叔叔热心帮助张士霞老大娘，并且认她为干娘，就是把尊老的美德实实在在、彻彻底底地践行了。雷锋叔叔帮助张大娘，我们这一代和下一代接力帮助张大娘，张大娘身体力行地传播着雷锋精神，由此形成了一个传播雷锋精神闪闪发光的链条。

　　随着雷锋精神在祖国大地广泛传播，"雷锋"人越来越多，这样的链条也就越来越长了。

004

合影里的雷锋叔叔

影响我一生的照片 / 合影发表后的意想不到 /

30 多年的笔友 / 40 年后的拥抱 / 50 载的雷锋缘

1962 年 3 月中下旬，与雷锋叔叔合影。

1963 年 3 月 5 日之后，大量冲洗赠送的照片，复信。

影响我一生的照片

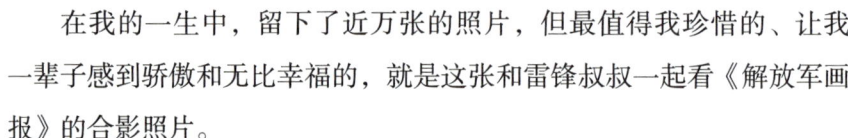

在我的一生中，留下了近万张的照片，但最值得我珍惜的、让我一辈子感到骄傲和无比幸福的，就是这张和雷锋叔叔一起看《解放军画报》的合影照片。

能留下这张照片，感恩我这一生有幸结识雷锋并接受他的辅导和帮助，同时我也感恩给我留下这张照片的原沈阳军区政治部新闻科摄影记者张峻叔叔。

我永远忘不了那个幸福的时刻！

那是 1962 年 3 月下旬的一天，张峻叔叔到我们学校后，来到我们班级采访雷锋和我们在一起的故事，大家一听非常高兴，顿时教室里充满了欢声笑语，都争着讲述和雷锋叔叔在一起的故事，讲述在雷锋叔叔的帮助下自己是怎样进步的。特别是当有的同学讲到雷锋叔叔给我们讲战斗英雄故事的情景时，激动地说："我长大了也要当英雄！"同学们你一言我一语，越讲越来劲儿，那个兴奋劲儿啊，真的把张峻叔叔给吸引住了，他乐得嘴都合不上了。这可能是他没想到的效果吧。最后他说："小朋友们，你们讲得太好了！明天给你们和雷锋叔叔照相，好不好啊？"一听说要和雷锋叔叔照相，大家高兴极了，异口同声地回答说："好！"

接着，他说："那好，明天你们把自己最漂亮的衣服都穿上吧。"

那个年代，照相简直就是一种奢望，更何况还是和我们最爱戴的雷锋叔叔照相，更是可望而不可即的！实话实说，以前，我们连一丁点儿这样的念头都没敢有过。

我很幸运，张峻叔叔给我和雷锋叔叔留下了这张珍贵的照片

放学回家，我就开始翻箱倒柜地找衣服。那个年代哪有几件像样的衣服啊！我唯一比较好的一件，就是妈妈亲手为我织的绿底带红杠杠的圆领毛衣。当时，我自己觉得没领子不太好看，于是又继续翻找带领子的衣服，可实在是找不出一件好看的。最后，我翻出了我姐姐穿小了的一件连衣裙，那时叫布拉吉，它有领子，是白底带绿花的。我连忙把它套在了毛衣里头，然后把领子翻出来，对着镜子一看，感觉还不错！我又把夹在书本里的只有逢年过节才舍得拿出来的粉色"头绫子"对着镜子扎在头上，扎两个还不够，一下子扎了三个。这样把自己打扮一番，自我感觉良好。

我一门心思地盼着：要是能和雷锋叔叔单独照一张相，那该多好啊！想来想去，兴奋得我这一宿都没有睡好觉。第二天早晨，我比哪天都起得早，一大早就穿好了衣服。看我这一身打扮，妈妈说："你那衣服咋穿的？还把裙子穿里头了，鼓鼓囊囊的能好受吗？"我说没事，今天只要能和雷锋叔叔照上相，不管好不好受，我也愿意、也开心！

也许是看我进行了精心准备，张峻叔叔不但给我们几个同学一起与雷锋叔叔照了合影，还真给我和雷锋叔叔单独拍了这张看《解放军画报》的照片。

张峻叔叔给我和雷锋叔叔拍完了一张合影，又说："我再给你们照一张彩色的。"我没太懂他的意思，便傻傻地看着雷锋叔叔。雷锋叔叔笑着说："就是带颜色的。"那天，张俊叔叔挎着两个照相机，一个是拍黑白的，一个是拍彩色的。后来我才知道，张峻叔叔还是《解放军画报》社的通讯员，所以他才有当时很稀罕的进口彩色胶卷，并且一般情况下是舍不得用的。那时，国内新闻单位能洗彩色照片的也只有几家。

我和雷锋叔叔的这张合影照片，不仅让我感受到了雷锋叔叔的温暖，而且感受到了一位普通的解放军战士对少年儿童的关爱。它一直保存在我记忆的匣子里，温暖了我的岁月。尤其是雷锋叔叔那慈祥和善的笑容，让人感觉如同三月的春风，温暖而又亲切。在雷锋叔叔离开我们之后的几十年中，它不仅温暖了我，也温暖了全国各地，甚至世界上许多地方的人们。

这张照片，伴随我走过了大半个人生。它不仅给我留下许多美好、幸福的回忆，也无时无刻不在鞭策和鼓舞我成长进步。

这张照片，不仅教育和影响了我的一生，也改变和成就了我的人生。

这张照片，从此把我的名字和雷锋叔叔的名字连在了一起，它带着我和雷锋叔叔走遍了祖国大地，乃至走出了国门。

因此，这也是我后来用一生的责任和使命去弘扬和捍卫雷锋精神的重要动力源泉！

这张照片，最早发表在《解放军报》1962年5月30日第一版，接着《中国青年报》于1963年3月7日刊用。后来《民兵之友》《中国辅导员》两个杂志分别在1963年、1964年用它做封面。雷锋叔叔在汽车旁给我们讲"节约箱"的故事的照片也刊登在1962年4月5日的《解放军报》上。

这张照片，从60年前到现在，虽然半个多世纪过去了，但还是经常被各大媒体转发。

1958年，雷锋在天安门广场照相留念

雷锋在天安门广场留下的照片背后，还有一段不为人知的遗憾往事。

我也是到后来才知道，张峻叔叔为什么当年集中给我们和雷锋补拍照片。当时部队已经接到上级的通知，要雷锋到北京参加10月1日举行的国庆观礼，国家领导人要在天安门城楼接见他。

这可是雷锋做梦都在盼着的，也是他盼了不知道多少回的事啊！

1958年，从家乡到鞍钢的路上，雷锋特意到天安门城楼下毛主席的像前站了好久，咨询过值班的战士，并骑上一个过路的摩托车在城楼下拍照留念。

在1959年10月的一篇日记里，雷锋写道："我昨晚做梦就梦见了毛主席，他像慈父般抚摸着我的头，微笑着对我说：'好好学习，永远忠于党，忠于人民。'我高兴得说不出话来了，只是流着感激的热泪。早上醒来就像见到了毛主席一样，浑身是劲儿，总觉得这股劲儿用也用不完。"

眼看着再过一个半月，雷锋就能见到他日夜想念的毛主席了，可意外的事情发生了。

雷锋没能等到那一天。

带着永远的遗憾，他走了。

辅导我一生

合影发表后的意想不到

　　我和雷锋的合影在《解放军报》《中国青年报》上发表的时候，在照片的下面，配发了文字说明："某部运输连'五好战士'雷锋和抚顺本溪路小学'五好学生'、少先队员陈雅娟。"

　　正是这张照片，正是这些说明词，让我的生活出现了许多的意想不到。

　　1963年3月5日，毛主席给雷锋的题词"向雷锋同志学习"发表以后，党和国家其他领导人也先后为雷锋题词。毛主席和党中央的号召如同号角，在全国掀起了学习雷锋的热潮。1963年3月7日《中国青年报》刊登了我和雷锋叔叔一起看《解放军画报》的合影照片。

　　当时我还在上小学六年级。那段时间，每天都能收到来自全国各地各界人士的来信，更让我惊喜的是还有中国台湾、越南小朋友也给我来信。这一切让我好感动也很受教育、很受鼓舞，为自己曾有这样一位伟大的共产主义战士雷锋做我们的辅导员而感到骄傲和自豪！

　　那阵子，我每天最多能收到二百多封来信。大家纷纷希望我给他们讲雷锋叔叔的故事，还要有我签名的我和雷锋叔叔合影的这张照片。

　　但是，如果去照相馆洗照片，我既没有时间，也没有那么多的机会，更没有那么大的财力。怎么办？在爸爸的帮助下，在我家的厨房里，接上一个小红灯做暗室，爸爸教我学着配药水、洗照片。于是，我们利用晚上的时间，洗了很多黑白照片，然后通过邮寄的方式，连同回信一起寄给了大家。

1962年5月30日《解放军报》登载了我们的合影照片

左图：1973年2月《解放军画报》封面第二次登载我们传
承雷锋精神的照片
中图：《辅导员》封面
右图：《民兵之友》封面

每天，除了上学和睡觉，我的所有时间几乎都用在忙着给笔友们不断地回信、洗照片这些事情上了。甚至在学校的课余时间，我也基本都忙着这事，连老师和同学也都帮着写回信。一封封地回信写不过来，我就用复写纸写内容，然后分别写上收信人的名字。有一次，《中国少年报》记者到我们学校采访，了解到这种情况后，为了减轻写信给我带来的压力和负担，提出可以帮我在《中国少年报》上统一回信。记者征求我的意见时，我感

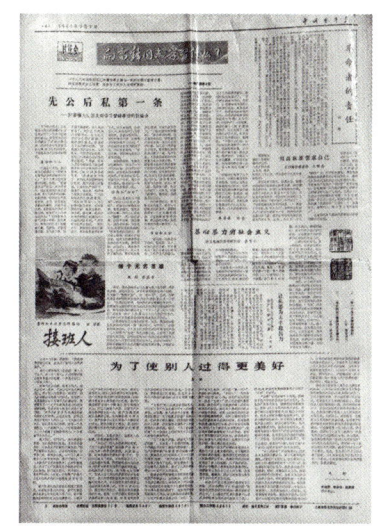

当年人们就是读了这张《中国青年报》而纷纷给我来信的

觉不太好，因为，这样对来信的人不够尊重，大家都想让我介绍雷锋，我还是继续自己写为好。

为了不辜负来信人的期待，我就是多熬点夜、多辛苦一点，心里也高兴。无论大人还是学生，他们收到回信都非常高兴，因为满足了他们的要求。至今，还有当年的笔友保存着我给他们邮寄的照片，也因此保留了一份暖暖的回忆和激动。

如果我偷个懒，请《中国少年报》帮着统一回信，我每天回信的压力固然会消失。可随之而来的，一定会是无数个笔友失落的心。人心一旦失去，还有什么值得期待？

自打那以后，我就开始以不同方式讲述雷锋故事、传承雷锋精神。

保留信任的"压力"，在手写的劳累和熬夜中，传递出的是一种温暖、共享的情感。

压力，让信任有了温度。

30 多年的笔友

我当派出所所长时，有一次在黄山参加全国烟草系统的工作会议。会议结束后，我跟一起参加会议的我的主管副局长孙佰吉请示：我有一个从小学起因学雷锋而通信的上海笔友，已经几十年了，直到现在还保持联系，而且相处得很好，就是没有见过面，想利用这次机会，返回的时候从上海走，这样就可以见见这个 30 多年一直没有谋面的笔友。我的领导觉得好奇，问我是怎么回事，我便向他介绍了我们相识相处的经过。

上海的这个笔友叫冯贵华，和我同龄，比我大几个月，我一直称她姐姐。1963 年 3 月 5 日毛主席为雷锋题词时，我们都还是小学六年级的小学生。她也是因为看到了《中国青年报》刊登的我和雷锋叔叔一起看《解放军画报》的照片，所以给我写信，要我给她讲雷锋叔叔的故事。

"文革"期间学校停课。1966 年 11 月，我曾从北京去上海找过她。她家当时的地址到现在我还记得非常清楚。不巧得很，她也因学校停课去广州了，很遗憾我们没有见上面。我当时很失落，起身要走，她妈妈知道我们之间的友谊，尽管初次相见，但她仍然执意留我吃完午饭再走。

事后，她在信上告诉我，听她妈妈讲了我到她家的情景后，因为没有见到我，她还大哭了一场，好几天都缓不过劲儿。后来，我当兵，她下乡，我们见面就更不容易了。20 世纪 70 年代初期，她恋爱、结婚、生子，我也成家有了自己的孩子。

左图：上海笔友冯贵华第一次赠送我的带有签名的照片，也是我们日后相认的"物证"
中图：冯贵华下乡时的情形
右图：冯贵华父母姊妹全家福

我们互送礼物表示祝福。那个年代，礼物非常简单，大多是极普通的日常生活用品。但是，礼物贵贱不重要，重要的是它所传递出来的真情，承载了我们之间因学雷锋而生发的纯朴、深厚的感情。

当年我在部队的时候，她的小姑子在黑龙江生产建设兵团。一次放假回上海，她还让小姑子特意从黑龙江坐火车到大连来看我，并在部队住了一宿，然后从大连坐船回上海。这大概也算是对她的一个安慰吧。

听完我的讲述，领导动情地说："你们从小通信往来几十年，竟然没有见过面，关系还保持得这么紧密，太不可思议，太感人了！"说完，他立刻批准，我可以从上海返回。见面的欣喜与激动，我就不说了，大家可以想象。

退休后，他们老两口来抚顺看我，就住在我家，我们又陪他们去大连玩了几天。后来，我和老伴及家人也去上海看过他们，大家就像亲人一样。特别是有了手机以后，我们的联系更方便了，逢年过节，总会通个电话相互问候。

记得是 2018 年，听说老连长有病住院了，我专程从北京坐飞机去上海看望。为了给贵华姐姐一个惊喜，我事先没有告诉她。探望完老连长去看她前，我给她家打电话，姐夫却告诉我，贵华姐姐已经走了半年了。

我和冯贵华一家人的合影（右三是冯贵华，右二是我）

姐姐生病我知道，还给她邮过药，没想到她走得这么快。放下电话，我就去她家看望姐夫。姐夫身体还可以，毕竟是当过兵的人，身体素质不错。我安慰他一番，还给他留了钱。姐夫哭了："我也没承想，你姐走了，你还能来看我……"

岁月让我们相遇、相知，却又步伐匆匆。可是，岁月抹不掉的，还是那份纯真的感情，是它让我们有了期待，有了动力，有了向善的勇气和支持。

友情之所以弥足珍贵，是因为它是一种助力。在你偷懒的时候，它给予监督；在你孤独无助的时候，它给你温暖和依归；在你高兴的时候，它令你产生倾诉和分享的冲动……

40 年后的拥抱

几十年过去了，由于种种原因，很多当年的笔友陆陆续续断了联系，但仍然有几个没有断。

2010 年 4 月的一天，我突然接到《抚顺晚报》一位记者的电话："河南郑州有一个人通过《郑州晚报》委托我们找你，说是 40 多年前曾因学雷锋和你通过信，现在很想见到你。"这位记者还把她的联系电话告诉了我。儿时的笔友，这么多年了，还能想起我，说明她是多么珍视这份感情啊！我很兴奋，马上给她打了电话。

左图：郑州笔友刘献华首次赠我的签名照片，她手里拿的是我当年给她的照片，这是我们相认时的信物
右图：40 年后我俩都是优秀校外辅导员

左图：当年我送给笔友刘献华的照片
右图：40 年后的拥抱

原来，她叫刘献华，和我同岁，比我大几个月。我称她为姐姐，这让她特别感动。她告诉我，她已经退休，是 1963 年 3 月 5 日毛主席给雷锋的题词发表后和我通过信的小朋友。她说，她是通过看报纸、看电视，得知我已转业回抚顺的。

时隔近 40 年，我们第一次在电话里联络，双方都很激动，恨不得通过这根红线立刻见面。

她说要马上来抚顺看我。说来也巧，我也刚好接到去南方开会的邀请，便借这一机会，转道去了郑州。因为她那时担任郑州伏牛路小学校外辅导员，我俩就约好在学校见面。从少年时建立联系，而今步入老年的我们，在相见的那一刻，一点陌生的感觉都没有，就像是久别重逢的亲人。激动的泪水禁不住夺眶而出，我们紧紧地、久久地拥抱在一起……面对这激动人心的情景，在场的学校领导和老师们也感动得流下了热泪。

她当场拿出一张照片，是我当年随信赠送给她的那张我和雷锋的合影。一看照片，我就知道，它就是当年在我家厨房安装了红灯泡后，

报道剪影

爸爸帮我冲洗出来的。照片的正下方，还写着"向雷锋叔叔学习 陈雅娟"。对，是我签字送给她的，没错！

几十年过去了，照片还被完好地保存着，恰似40年来维系我俩的"红飘带"。她如此珍藏着这张照片，真是个有心人。我说："姐，你珍藏的不仅仅是一张照片，那是雷锋带给我们的深情厚谊，是对美好精神追求的不懈向往！"接着，她深情地说："几十年来，这张照片一直鼓舞着我，可以说，它是我学雷锋的一面镜子，使我坚持不懈学习雷锋，努力做好校外辅导员工作。只要大家都有时间，我就去学校拿着这张照片给孩子们讲雷锋的故事，和孩子们一起参加有意义的活动，注意引导他们学雷锋要真学，不能走形式。身教胜于言教，我以自己学雷锋的实际行动去影响和带动身边的人。这些年，我为开封四胞胎捐款，帮他们解决生活中的困难；去福利院慰问孤寡老人；帮助有困难的人渡过难关。现在我虽然老了，但学雷锋的心没有老，我还要向妹妹学习，发挥余热，为培养新时代的雷锋式的革命事业接班人，继续贡献一份自己的力量。"

她担任校外辅导员的这所学校，在郑州还是很不错的，通过考察，我感觉这个学校校园里学雷锋的气氛也很浓。为了让雷锋精神在这个学校扎根、开花、结果，我建议学校争取成为一所名副其实的雷锋学校。

后来，我和雷锋的战友乔安山一起配合学校积极与当地教委、团委沟通和协商，2012年终于给这个学校授牌为"雷锋小学"。在学校聘请校外辅导员大会上，我和乔安山被聘为该校校外辅导员。

素未谋面的我们两个人，因雷锋结缘，因为一张照片相知、相望，也因为一张照片成为同行、同伴！

照片，有色彩，有人物，有记忆，有故事，还有独特的"味道"。那是友谊的滋味，那是理想信念一致的滋味，那是对美好生活向往的滋味，那是心相印、声相应的滋味……人生，多一些这样的滋味，就更值得回味。

50 载的雷锋缘

2021 年《雷锋辅导我一生》出版后，我先后收到部队和地方一些老领导、老战友、老师和同学及老朋友们不同形式的反馈，让我很受鼓舞。

而 2022 年 3 月 14 日这天，我收到了从未见过面的"微友"邢桂儒的一条信息，让我感动不已。原来，50 年前他在部队服役期间，也做校外辅导员，那时我们有过书信往来。他是我们原沈阳军区其他兵种一位素未谋面的战友。几十年过去了，因为双方工作调动等原因，大家失去了联系。几年前他通过媒体联系上了我，我们虽然加了微信，但大家都忙，很少联系。这天，读着他收到我的书后发来的真情满满的信息，特别是他提到 1972 年 6 月我们都在部队做校外辅导员期间，收到了我的复信的那一刻，唤醒了我几十年来几乎忘却的记忆。

在部队期间，收到同是做校外辅导员的战友来信，只有他这一封，因此，这事在我心里的印象还是很深的。

那是 1972 年 6 月，我还在通信训练大队当学员的时候。一天，突然收到了来自原沈阳装甲兵独立坦克三团警卫班的一名战士的来信，他在当地学校也担任校外辅导员。我手捧着这封看似普普通通但其中深深地蕴含着雷锋情结和雷锋精神魅力的来信，很是激动。在信中，他谦虚地向我求教如何像雷锋那样当好校外辅导员，让我给他讲讲这方面的体会和经验。当时做校外辅导员不久的我，哪有什么经验啊！但他这种虚心学习、努力当好校外辅导员的精神，却深深地感动和鼓舞了我。可以说，他的这封信也给我做好校外辅导员工作起到了加油站的作用。第二天，我就立刻给他回信。没想到几十年过去了，这封回信他依然还保留着，可见他是一个多么细心、多么有诚意的人啊。

下面的照片就是我在 1972 年 6 月 25 日写给这位同样在部队做校外辅导员的战友的回信，他是 6 月 28 日收到的，为此他专门在信封背面写下了这个日子。

现在我还记得，在失去联络的那些年里，我也惦记过他后来做校外辅导员工作开展得怎么样，也很想写信问津，又怕给他造成思想压力，只好搁笔等待。每每想起那时做辅导员的经历，我的心中都会闪过这位未曾谋面且杳无音讯的兄弟兵种的战友，毕竟，在我从事校外辅导员工作之初，他谦虚求教的来信给予了我很大的激励。试想，当你还在摸索着走路，这时来人带着信任的目光向你问路，你会作何感想？！

没想到，雷锋缘竟是这般的神奇。如今他又回到了我的记忆中，特别是看到这条真情满满的信息，顷刻间，让我回忆起了当年收到这位战友来信的那一刻被信任和尊敬的激动心情，因而真有久违了的"他乡遇故知"之感，期待能有机会彼此见上一面。

2022 年 7 月，应抚顺市委邀请，我回抚顺参加学雷锋活动，我们相约在北京站见面。

我拉着行李箱，在湖南大厦一侧正朝北京站方向走着，快到交通路口的时候，正想打开手机，突然听到一声："雷锋大姐！"我抬头细看，只见一个人正迎面朝我走来。他的喊声吸引了正在路口执勤的一位女警官的注意，当她知道我们是 50 年都未曾见过面的老战友时，欣然以北京站为背景，为我们这"雷锋姐弟俩"留下了这张珍贵的合影。

双手握在一起的那一刻，我们犹如久别重逢的亲人。

50 年弹指一挥间。想当年，我们都是风华正茂、朝气蓬勃的小战士，是孩子们的知心朋友、校外辅导员，如今我们都步入了雪染华发的

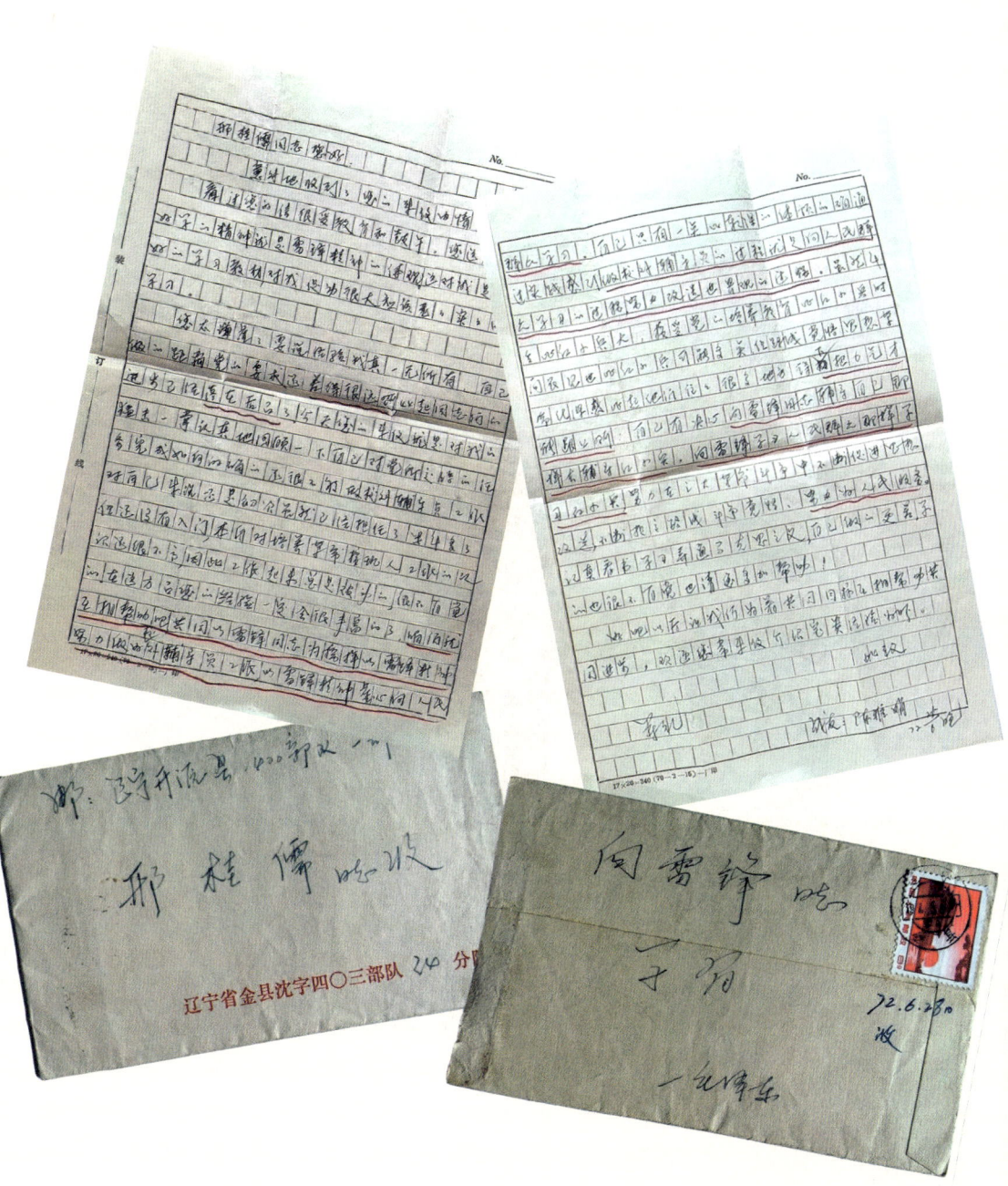

邢桂儒保留的回信

我和邢桂儒在北京站前合影

暮年。时间就这么飞逝如电，但飞逝之时却留下了一道清晰的光线，让我们不仅看得到，也能感受得到。飞逝的时光，并不是虚无的恍惚。

50年后这一难得的相会，要感恩我们的老校外辅导员、老班长雷锋，是雷锋缘让我们相识，又是雷锋缘让我们今天相聚，更是雷锋缘让我们热爱校外辅导员这项伟大光荣的事业且忠贞不渝。

交谈中，我得知他的校外辅导员工作也做得很出色，曾连续多年被部队和驻地评为雷锋式的校外辅导员，受到过通令嘉奖，他做校外辅导员的事迹也上过报，也被写入当地中学语文和思想品德课的辅助教材里。他从部队到地方，一直非常热爱自己的本职工作，且干得很出色……听着听着，我为老战友的成长感到欣慰。当我们畅谈起做校外辅导员的体会和感受时，依然还是那么兴奋、那么感慨，特别是谈起我们用雷锋精神培养出那么多优秀的学子，他们都成长为建设国家的栋梁之材时，满腹的幸福感和自豪感油然而生！我们虽然都离开了当年做校外辅导员的学校，离开了这些孩子，但校外辅导员的光荣义务和责任我们没有忘。雷锋辅导了我们一生，我们将为以雷锋为楷模的校外辅导员事业继续亲力亲为、奉献余热，和全国无数个雷锋式的校外辅导员一起，赓续好红色血脉，讲好雷锋故事，传承好雷锋精神，让雷锋精神的种子不仅广播祖国大地，而且扎根、开花和结果，芬芳四溢。

005

雷锋影响我一生

我终于圆了当兵的梦 / 就为了当好一个兵 /

插插拔拔有学问 / 锅碗瓢盆垒熔炉 / 二进“炊事班” /

上珍宝岛前线 / 做最苦的事锻炼自己 / 训练大队二三事 /

人生的又一次转折

1968 年 6 月 17 日，接到入伍通知书。

1968 年 6 月 18 日，正式入伍走进女兵连。

1969 年 3 月，奔赴珍宝岛前线。

1971 年 10 月 12 日，在通信训练大队当学员。

1973 年 2 月 27 日，正式从通信训练大队毕业留校。

1986 年年底，转业到抚顺，从零开始新征程。

1987 年年底，任抚顺市烟草专卖局政治处副主任。

1989 年，任抚顺市烟草专卖局办公室主任兼烟草市场治安派出所所长。

1991 年 10 月，被授予"全国模范军转业干部"称号。

1992 年 2 月，任抚顺市烟草专卖局副局长。

我终于圆了当兵的梦

1966年，初中毕业在即的我们赶上了"文革"，正常学习的环境不复存在。对于以后何去何从，大家都是"雾里看花"，但是，我要当兵的理想没有变。我一直记着，在张峻叔叔为我和雷锋叔叔拍照一起看《解放军画报》的合影时，雷锋叔叔对我说的话："长大要当兵，就去找张峻叔叔。"当时我家在抚顺，张峻叔叔的家在沈阳。于是，我约上我们班崔雅文和王宗慧两个同学，一起去了沈阳。几经周折，我们终于找到了当年给我们和雷锋拍照的张峻叔叔家。

那是1967年夏天的一个星期日，张峻叔叔和家人正在午休。我们怯生生地敲开了张峻叔叔的家门，虽然我们都已经是大姑娘了，但张峻叔叔还是认出了我们。因为雷锋走了这些年，他一直跟踪报道我们学雷锋的情况。张峻叔叔热情地把我们让进了屋，问我们找他有什么事。我们几乎同时回答道："张叔叔，我们要当兵。"

"当兵，我可不管当兵的事呀！何况现在又不是征兵的季节，这个事我可办不了。"听他这一口回绝的意思，我有点不好意思，就小声地对他说："张叔叔，您忘了？您在给我和雷锋叔叔拍照时，他告诉我，长大要当兵就来找您啊！"

听我这一说，他停了片刻，连忙拍拍脑门说："哦哦！是有这么回事。"我们如获至宝，觉得有希望，干脆就不走了，非要当兵不可。人家客气地留我们吃晚饭，我们也没客气，吃完饭，洗碗，扫地，哄小弟弟玩，这些事都抢着干，没有走的意思。看着天太晚了，张峻叔叔就留我们住了下来。

这一住大概有一星期多吧。我们天天盼着张峻叔叔下班时，能带个好消息回来，可总是没有动静。张峻叔叔有四个儿子，最小的才3岁多。有一天，他家保姆对我们说，张峻叔叔的大儿子问他爸："这几个大姐姐啥时候走啊？"张峻叔叔满脸无奈，没有吱声。

那个年代，吃的用的都是凭票供应，部队也不例外。我们几个大姑娘在人家住，势必占人家口粮，小弟弟们吃的标准肯定下降了，才这样问他爸爸。我们三人听了，也真有点不好意思。我们来的确实不是时候，再住下去也等不来结果，于是，我们和张峻叔叔打了招呼，赶紧离开了他们家。

我太想当兵了！没有达到目的，我是不能就此罢休的。眼看这一年又快过去了，刚好又有一次去沈阳参加一个座谈会的机会，我来了个"二进宫"，又去找张峻叔叔。当时，我就一门心思：只有当兵，才能更好地接雷锋的班！

这回我是铁心了，不答应就不走了。大概我要求当兵的愿望太强烈了，终于打动了张峻叔叔。他对我说："好吧！看你当兵决心这么大，冲着雷锋的面子，这个忙我帮了！"因为1967年全军都没有征兵任务，马上也解决不了，他让我回家等消息。

1968年6月17日，一大早，我收到了抚顺市望花区武装部发给我的入伍通知书。我终于实现了多年的梦想，成为一名解放军战士！我太兴奋了，捧着入伍通知书，来到雷锋墓前，告慰老辅导员："我当兵了，请您放心，我一定要像您一样，努力当好这个兵！"

那时，雷锋已经离开我们5年了。后来听说，为了我当兵，张峻叔叔费了很多周折，想了不少办法，最后是找到军区首长，介绍了我的特殊情况，才圆了我当兵的梦。我感恩雷锋，感恩张峻叔叔，忘不了临到部队前张峻叔叔对我的嘱托："一定不要忘了自己是雷锋辅导过的学生，到部队只能给雷锋争光，决不能辜负雷锋对你的期望！"

我记住了，写在日记里，刻在心坎上！

后来我得知，张峻叔叔是宣传雷锋精神的先行者，雷锋生前的照片有不少出自他的镜头。雷锋牺牲后，张峻叔叔一直坚持不辍，主动、自觉、不断地宣传雷锋精神。

2013年3月5日下午，在原沈阳军区举行的学雷锋座谈会上，知名摄影家张峻叔叔发言时心脏病突发，不幸辞世。这一天，张峻叔叔82岁的生命永远定格在他的"留住雷锋"的事业中。"虽然已是耄耋之年，但我还是要把有限的生命继续投入到无限的'留住雷锋'的事业中。"讲台上，张峻叔叔留下了他人生最后一句话，给自己从1960年以来采访雷锋、拍摄雷锋、宣传雷锋精神的一生，做了很好的自我鉴定。

3月5日晚上，张峻叔叔的儿子张岩告诉我他爸爸去世了，我心里难过极了，简直不敢相信！昨天见他还好好的，怎么突然就走了呢？第二天一早，我立即赶到张峻叔叔家。他老伴马姨见到我，就"呜呜呜"地哭起来。我更是泣不成声。当时马姨就把张峻叔叔的后事交给了我，让我和前来的时任沈阳军区政治部副秘书长等领导还有当地民政部门的同志一起协调安排张峻叔叔的后事，在大家的共同努力下，张峻叔叔后事的处理以部队、家属双方均感到满意而告终。追悼会那天，远在上海的王芳老师带着他的儿子赶来了，雷锋团的代表、雷锋生前战友、雷锋生前辅导过的学生代表，也从四面八方赶来，还有老人家生前好友及当地各界代表也都来了。大家一起送走了这位曾经为宣传雷锋事业做出重大贡献的老人家。

站在张峻叔叔的遗像前，我心里默默地说：叔叔，我的大恩人，您和雷锋告诉了我做一个什么样的人，还用自己一生的行动做了极好的示范，我一定要好好接过你们的班，传承好雷锋精神！

我和张峻叔叔在雷锋开过的车前

张峻叔叔赠书法作品给王芳老师

就为了当好一个兵

雷锋

辅导我一生

参军后的第一张照片

年方十八的我穿上军装，走进了原沈阳军区通信总站长途电话连，连里是清一色的女兵，是一支有着光荣传统的先进女兵连。老指导员谷德珍曾邀请在原沈阳军区开会的雷锋到连队做报告。我们连队的王宜文还出席过中国共产党第九届代表大会，李翠兰还出席过第四届全国人民代表大会。我在这个连队的时间只有三年零四个月，却让我经历了人生中最大的考验和历练。

那时，虽说以前与雷锋交往时，我对部队生活有点了解，但真正置身其中，仍然感到新奇与陌生。因此，自走进军营那天起，我就立下誓言，要像雷锋那样，做一颗闪光的螺丝钉！党把我拧在哪里，我就在哪里坚守岗位，做好每项工作。在连队，我先后当过话务员、炊事员、饲养员，还担任了总站家属院孩子们的辅导员，1970年7月，历经三个月时间，由区队长李延玲带队到沈阳市链条厂担任军宣队队员。经几个岗位的历练，让我的军旅生活丰富多彩，这对我一生的成长产生了重大影响。至今那一幕幕难忘的经历，总会像一系列蒙太奇镜头般，循环往复地浮现在我的眼前。

1970年，我们长话连（简称"女兵连"）战友的合影

我是 1968 年 6 月 18 日到的部队，此时，我们当年入伍的女兵已经结束了一个半月的新兵训练，开始独立值班了。而一天都没有参加训练的我，连军人的基本站姿（如稍息、立正，两眼目视前方，双手五指并拢，中指贴于裤子中线）都没有学过。一切都要从头学起。那时，我们部队的生活条件和现在比真有天地之差，当时连队就有一句顺口溜："高粱米萝卜汤，睡大铺挤得慌。"我们吃的以粗粮为主，细粮少。平时吃的菜主要是萝卜、白菜和土豆，很少能吃上一顿肉。睡的床，是一个班八个人的一个大铺，铺的床单是把每个人的白床单用针线缝在一起，每周拆洗一次。我们的枕头就是用一个布袋里装入换洗衣服后使用的。这样的生活是艰苦一些，但对培养我们树立集体观念、吃苦耐劳、艰苦奋斗的思想是最好的磨炼，当时的我并没有感觉怎么不适应。

最让我打怵的是连队那紧张的早起出操，这对我可真是一个大考验！来到连队的第一天早上，起床号一响，不知所措的我急忙翻身起来，穿上衣服，慌忙地随战友下楼集合一起跑操。当时，我们是住在总站院内那个五层楼的五楼上。可以说，这也是我有生以来第一次有这样的经历。人家麻利地穿好衣服往楼下跑时，我的衣服扣子还没扣好，只好赶忙拿起帽子扣在头上，边走边扣衣服扣，跟着往楼下跑。下楼集合站队时，记不得是哪个好心战友急忙帮我扶正头上的帽子，只听带队的区队长下口令："稍息，立正，整理服装，向右转，齐步走！"随着口令，大家出了大院门口，就向我们的左前方，大约离我们部队有三四百米远的红旗广场跑去，然后围绕有一尊毛主席塑像的转盘不停息地再跑三圈，休息片刻，就又马上集合小跑回连队。进院解散后，赶紧往楼里走，开始洗漱，准备吃早饭。这样的生活，这样的早操，可以说是我有生以来经历的第一次，还好，我总算咬着牙跟了下来。

第二天，我还是咬牙坚持，但明显赶不上第一天的状态，但还有点儿劲头，跑回来后我已经开始大喘粗气。但是，我总算咬着牙坚持了下来。

到了第三天，听到起床号，我这心里就开始打鼓了。一天中最让我感到头痛的就是这个早操，今天还往那儿跑吗？可心里犯嘀咕也不敢问。果然还是老一套。怎么办？硬挺着坚持吧。这回更糟糕，虽然硬撑着跟了下来，但进了部队院内，已经大汗淋漓的我忽然感觉头发晕，眼睛直冒金花，因站立不稳，我就像一摊泥一样站不起来了。战友们见状，立刻把我围起来，问我怎么了。还没等我回答，就听她们七言八语地说，看她的脸色，肯定是得黄疸型肝炎了；又有的说，好像是贫血……一个战友上来把我扶起，让我坐在台阶上休息了一会儿后，把我扶上了楼。毕竟是刚当兵第三天，面孔还都是生的，大家并不熟悉，而名字就更叫不上来了，但这位热心的战友至今还让我感谢不尽！

当天，连首长就派老兵王玉琴带我去卫生队看病。卫生队的医生简单问了情况后，当时就把我用车送到军区总医院，经抽血化验、检查，我的血色素才4.5克，医院要我马上留下住院。这下，我心里慌了。当时心里矛盾呀！最担心的就是怕一旦住院了再检查出别的毛病，部队还不把我退回去？可不住吧，这样真难以坚持下去。当时，不知所措的我，眼泪不自觉地流了下来。这时，陪我一起来的王玉琴大姐安慰我道："你啥也不要想，安心治疗一段时间就好了。"是啊！军人就得服从命令，让住院就住吧。进病室不一会儿，负责我的一个姓陈的医生拿着我的病历说："你的血色素太低了，死人血还3克多呢，你才4.5克。"我问医生，我的病能好不？他说："你还年轻，不会有什么大问题，只要你积极配合治疗，很快会好的。"当时医生根据我的病情，吩咐护士对我进行二级护理，不让我随便走动，小心摔倒……后来进一步检查，确诊是缺铁性的贫血。这时，大家才放了心。

住院第二天，指导员王宜文来医院看我，还给我带来一本书，又买了一些水果，安慰我："安心治疗，病好了就接你回连队。"指导员的话让我心里感到热乎乎的，似乎给我吃了定心丸。从那天开始，我安下心

刚当兵生病住院时，爸爸妈妈来看我

积极配合治疗，经过医生一个多月的精心调治后，血色素很快达到正常值。"八一"前，医院通知我可以出院了。终于可以自由飞翔了，我就像刚出笼的小鸟，心早飞回到了日夜想念的连队。

战友们看到我都说，我简直像换了一个人。

从此，一个充满朝气的我，正式开始了军旅生活。我这个新兵"而今迈步从头越"，可以说，就连走步、立正、稍息等每个动作，都是每天在随着大溜中，眼睛紧盯着站在我前边的战友学起的。刚出院那会儿，我总有一种感觉，有些人总是戴着有色眼镜看我，不时还能听到有人在我背后小声议论什么，这让我感到压力特别大。面对这么尴尬的现实，我只有用超出常规的付出和努力，才能挽回落下的这一切。

从队列基本动作，到熟悉部队日常生活规律，再到话务员业务，我都是以小跑的速度追赶着。我就是在这种情况、这样的环境下，铆足劲儿学习，掌握要领，不断提高军人素质。在大家的帮助下，在自己的刻苦努力下，我很快能熟练地做好每一个动作。有一次，区队进行队列单兵训练检查时，我还受到了表扬。这是我入伍以来听到的第一次表扬，让我对当好一个兵更加充满信心！

经过一段时间的刻苦学习、磨合，我不仅身体适应了严格的部队生活，而且在我的师傅——1965年入伍的老兵（简称1965年兵）孙德珍——的耐心指导、帮助下，我的业务技能有了明显的提升。不久，我独立上岗工作了！

插插拔拔有学问

出院后，我就被分配到一区队一班，正式走上话务员的工作岗位。

我们通信兵流传着这样一句话："爬杆儿的（架线员），敲点儿的（报务员），最不起眼的是插眼儿的（话务员）。"就是说，干通信兵这一行，当数我们话务员工作最没有技术含量。

其实，话务员每天面对三尺电话台，手拿不足二两的塞线，插插拔拔，看似简单又枯燥无味，但真正要干好这一行还真不容易。要做到快速准确接转每一个电话，必须要练好"三功"，即脑功、口功和手功。脑功，首先要熟记上千个常用电话号码，还要迅速反应到位；口功，说话要口齿伶俐、吐字准确；手功，左手插拔塞线，右手准确拨出号码。接转每个电话时，这"三功"几乎是同时开练的。因此，练好这"三功"可不是一朝一夕的事！

刚当话务员，走上机台，尽管我把上千个号码都背熟了，业务也掌握了一些，但有时还是难以应对。有一次，我刚接班，来了一个长途电话，因用户是个南方人，说话又急，我听惯了北方人讲话，当时听了几遍也没听清。最后我也急了，就反问对方："什么？您要'摇钱树'？"对方用户也和我急了……这时，领班的区队长来到我跟前说："他要的是'姚千户'。"我赶紧又问他："您是要'姚千户'吗？""对喽！"已经满头大汗的我这才松了口气。

因为业务不熟，从来没有听说过这个名，所以这岔打得太大。通过

我当话务员

这件事，我对话务员工作有了进一步的认识，原来这"三功"里的内功还真有不少学问呢。我们当兵的来自祖国四面八方，天南地北什么口音都有，全国各地什么稀奇古怪的地名、人名都有，要学的知识多着呢。如果你不了解，很难做到又快又准确地接转每一个电话，更谈不上做好本职工作了。

从那以后，我开始下苦功夫，一有时间就抓紧背号码、练听力、熟练文明术语。在走访了解军区司、政、后各部门办公室之间邻近位置时，我认真看、认真记。特别是对我所在的通话台经常需要提供的有关办公室之间相邻的位置，我在脑子里还绘制出了一个"路线图"，这样对又快又准地接转每一个电话大有帮助，也提高了工作效率。

有一次，对方一个参谋要司令部的作战科，电话铃声响了一会儿一直没人接。这位参谋显得很着急，我一边安慰他，一边采取了迂回方式，转到邻近的办公室帮忙找一下他要找的人。真也巧，这人刚好在这儿办事，双方很快沟通上了。这个用户顺利通完话后，又特意让对方总机话务员接通我，一再对我表示感谢。从此，我更清楚了这三尺电话台和手中不足二两塞线的分量。

所以说，话务员也不简单，平凡的岗位也要有真本领，与人打交道，且不是面对面的服务，更需要有完全彻底的为人民服务的精神！

一条小溪，它的目标是江河湖海，可是，从源头出发，一路走来，蜿蜒而行，有泥沙的混入，有岩石的阻拦和碰撞，有阳光的蒸发，有泥土的吸收，有农田灌溉的利用，有洗涤衣服的浸染……总之，到大海时，它不仅内涵丰盈，而且处变不惊，也会如江海般变得更加强大。这时的小溪，才能明白大海的心境。

锅碗瓢盆垒熔炉

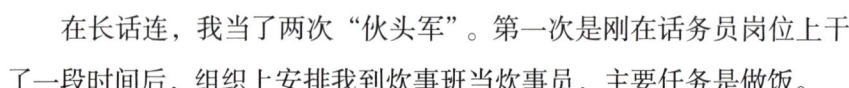

在长话连，我当了两次"伙头军"。第一次是刚在话务员岗位上干了一段时间后，组织上安排我到炊事班当炊事员，主要任务是做饭。

一开始，我在思想上有点儿转不过弯来。我想，当炊事员能做出什么成绩？这要是让父母和老师、同学们知道了，多没面子啊！

就在自己感到困惑时，我想到雷锋说过的那番话："要记住，你们长大了不管干什么工作，只要是党的需要、人民的需要，都是为人民服务，都是光荣的，都是有出息的。"我豁然开朗，愉快地接受了任务。

我们炊事班一共六个女兵，上士（部队叫"给养员"，大家习惯称呼"上士"）曲延佩，1965年兵，整天骑个三轮车穿街走巷，采买食堂需要的物品。剩下我们几个人都是1968年兵：班长倪平高个子，泼辣能干，厨房里的活儿她样样都能拿得起来，特别是对战友有爱心、有耐心，她在我心里就像一个大姐姐，让人感到温暖，其实，她还比我小两岁呢；刘敏主管炒菜，干起活来干净利索，炒的菜味道也不错；谢芳瘦高个儿，言语不多，让干啥就干啥；胡冰莹负责烧火，工作任劳任怨，不怕脏不怕累，节约用煤是能手，还是连队的典型。

我们炊事班被大家称为"连队的小熔炉"，不仅能锻炼人，更能温暖人，来到这个小集体，我的心温暖了许多。尽管起早贪黑很辛苦，但我心里是甜甜的。在班长的带领下，这个充满阳光的集体，大家团结友爱，互相帮助，一起主动找活干，尽量做到把菜洗得干干净净，把锅碗瓢盆刷得干干净净，把地面擦得锃明瓦亮。总之，我和大家一起，愉快地创造出一个干干净净的工作环境，我的心里从此也有了一块干干净净的新天地。

在炊事班我仍然是一个新兵，我虚心向老同志学习，干起活来也越来越得心应手。于是，我总想单独做顿饭，来检验一下自己。有一天吃完晚饭，我看食谱，第二天早上是玉米面和白面两掺的馒头，感觉这个还简单点，于是我壮着胆和班长请战："班长，明天早上的馒头让我来做，行吗？"班长向我投来了信任的眼神，满口答应了。我高兴得像个孩子似的，一边哼着小曲一边准备和面。因为每天做饭，用多少米、多少面，只要没有特殊情况，基本是固定的。我按照平时学习掌握的量和方法把面和好后，还让班长看了一眼，她拍拍面团，感觉还可以。第二天我早早起来下厨房开始准备，首先拾碱和面，忙乎了一大阵，把馒头放到蒸锅里后，一会儿锅开始上气了，再过一会儿似乎闻到了一点碱的味道。这时，不知为什么，我开始有点不安了，盼着时间走快点，以便早点看到我做的馒头到底好不好，是成功还是失败。当时间到后，我打开锅盖，顿时蒙了！两掺馒头全部变成了黄色，而且拿在手里的感觉也和往常不一样。机灵的班长二话没说，赶紧把头天剩下的一些馒头放到锅里，喊烧火的胡冰莹加大火候！这时候，值早班的同志来了，其他同志也陆续过来了。一看见今天的馒头，有的战友拿在手里还没吃就喊起来："今天这'黄金塔'是谁的杰作呀？"当时的我非常尴尬，不知如何是好，真想找个地缝钻进去。但是，我很快冷静下来，谁都有做错事的时候，既然这次没做好，那就认真总结找出毛病，坏事可以变成好事嘛！我想，没什么可丢人的，是我没做好，自己就应该敢于

我当炊事员

承担责任。于是，我勇敢地站出来，向大家做了检讨。我的话音刚落，在屋里刚忙活完的班长又出来一再向大家致歉。战友们还是很善解人意的，虽然有人说了几句风凉话，不过那就权当开玩笑打趣好了！

后来，在有经验的战友的指点和帮助下，再加上自己有一种倔强不服输的劲儿，一次不行就多练几次，我终于掌握了很多做饭的技巧。包饺子擀皮，为了加快速度，老同志一次可以擀出两个或者三个皮；饺子怎样包才能更快……对这些活儿，我都细细揣摩反复练，一点一点地掌握了技巧。通过在炊事班短短几个月的锤炼，我深深地体会到，看似简单的做饭，其实不简单。

> 饭做好了，人也就做好了；
> 只有人做好了，才能把饭做好。
> 这就是生活的辩证法啊。

二进"炊事班"

我二进炊事班，则是在部队一次战备转移演练期间。

当时我们炊事班人手比较少，工作起来也不分你我，干起活来往往一起上，身体的活动量比较大。一会儿和面，一会儿择菜，一会儿刷锅，还要拖地打扫卫生，有时还要去烧火……我们还要从一堆堆烧过的煤渣中，把没有燃尽的煤一块块拣出来，继续使用，力求节约。晚上，我们还要给在机房值班的战友们送夜餐。

因为是又来弹奏"锅碗瓢盆交响曲"，我比第一次更熟练一些，也更有兴致了。我时常轻哼着歌干这干那，与战友精心调剂，细心烹饪。

没想到，我的腰部生了一个痈。我没有告诉别人，心想过几天就好了，自己默默地忍受着，照样干活。

这样一天下来，因为无数次的摩擦，我腰间那个痈越来越痛。特别是冒脓时，别说活动，就是晚上睡觉，我都被痛醒好多次。有时，痛得实在难忍，我就利用上卫生间的时间，偷哭几声，似乎轻松了一点。后来，炎症厉害导致发高烧，我的眼睛和脸都烧红了，因为头晕，站立、起坐都费劲。

我仍然没有吭声，继续工作着。还是倪平班长细心，她发现之后，催我去总站卫生队。我们炊事班离卫生队并不远，平常走只用几分钟，可我咬着牙走了十多分钟才到。到卫生队后，记得是一位姓赵的医生值班，一测体温38摄氏度多。他看了我腰上的痈，脸上的表情像是心痛，

我当炊事员

又像是不可理解："都病成这样了，怎么才来呀？！"

　　他问我做什么工作，我说是炊事员。"你一直在工作吗？"听到我"嗯"了一声，他又说："这得什么毅力，才能做到啊！你这孩子不要命了？"说着，他让护士赶紧备药，给我打针、上药。可能是他们跟我们连队反映了我的病情，我刚回到炊事班，倪平班长就说："你也太不知道爱惜自己了，以后可不能这样拼命！"她命令我，必须安心休息几天。

　　班里人手本来就少，我也安不下心休息，仍然坚持每天干点尽量不弯腰的活儿。连续几天吃药打针，加上减少了活动，疼痛慢慢地减轻了，但因为耽误了治疗，好长时间才痊愈，至今还留有疤痕。

　　这就是看似简单的炊事员的"工作内幕"。

上珍宝岛前线

珍宝岛位于黑龙江省鸡西市，是中苏边境线上的一座边陲小岛，当时受到苏联武装部队的多次入侵。苏军武器装备优势明显，珍宝岛的安全受到严重威胁。1969 年 3 月，也就是我参军不到 1 年，珍宝岛就传来了战斗的号角声。珍宝岛自卫反击战打响后，我所在的部队遵照上级命令，进行了战斗动员。

听到动员后，我非常激动。我想，当兵就是来保卫祖国的，若能上前线参加战斗，那就是在真正遂行使命啊。何况，在和平年代，这样的机会更是难得！此刻，我又想起了雷锋。1962 年年初，蒋介石叫嚣反攻大陆时，我的辅导员雷锋就积极写过申请，要求到福建前线参加保卫祖国的战斗，但部队没有授命参加，所以雷锋没有实现亲临前线参加战斗的愿望。今天我终于有机会了，一定要亲临前线，这也算是替老辅导员实现他的未了心愿吧。于是，我当天就毅然决然地刺破手指写血书，坚决要求到祖国最需要的地方去，到保卫祖国的前线去参加战斗！

我的参战请求被批准了。我是第二批随部队赴珍宝岛前线的，临行前，营教导员于方专门找我谈话，叮嘱我："你是雷锋生前辅导过的学生，希望不要辜负党和部队对你的期望和信任，要努力完成任务，为保卫祖国做贡献！"带着首长和战友们的嘱托，我随部队奔赴珍宝岛前线。我们从沈阳车站出发，坐的是没有窗户的闷罐火车，一天一夜之后的早上，到了哈尔滨车站，下车后没有逗留的时间，又直接上了一列小火车。不知坐了几个小时，我们到达了一个偏远的叫东方红的小火车站。出了站台才看到，两辆大解放车已来接我们。

一路颠簸，汽车开到一个偏僻得没有几户人家的小村子附近，在一个空旷的场地停了下来。有人喊："下车活动一下，想方便的男的到车右边，女的到车左边！"我们当时有五个女兵，按口令到车的左边急急忙忙方便完。这时，不知从哪儿"呼啦啦"地跑过来十多个人看热闹，见到我们几个女兵，有一个女青年，操着当地方言，非常好奇地尖叫道："快来看啊，解放军还有'女叔叔'（jiè fǎng jùn hái yòu nǚ shú shú）！"

这下子，有的男兵可欢实起来了，也跟着凑热闹，学着她们的口音，对着我们喊："解放军女叔叔！女叔叔（jiè fǎng jùn nǚ shú shú, nǚ shú shú）！"喊声在寒风中飘荡，逗得大家一阵哈哈大笑。顿时，我感觉奔波一天一夜的疲劳全被赶跑了。

"解放军女叔叔"这新名词，我真还是头一次听说。哈哈！老百姓可太有创意了，让我从中似乎掂量出了"巾帼不让须眉"的分量！

我们乘车到了军区前指五林洞。先期来的战友热情地出来迎接，我一眼看到了我们连的老同志陈晶，还有我的同年兵陈秀莲。我们紧紧地拥抱在一起，虽然没说几句话，但真有一种亲人久别重逢的感觉！我们虽然分别时间很短，但在战场上相逢的那种感觉和平时的绝对不一样，因为从此刻起，我们是同生死的战友了。

我们长话连一共来了六名女战友，担负着前线总指挥所的话务员工作，主要任务是确保军区首长作战指挥的通信畅通。

珍宝岛非常寒冷，生活十分艰苦。我们的工作间和住处是在雪地上临时搭起的野战棉帐篷里，喝的是从临时打的井里打上来的发红的水，我们吃的白米饭因此都成了"红米饭"，而洗脸刷牙常常用的是掩体里融化的冰雪水。吃的就更简单了，除了偶尔能吃到猪肉炖粉条、大白菜外，平常基本都是当地老百姓送给我们的干豆角、干白菜、干萝卜丝和咸菜等，其他新鲜的青菜根本见不到。晚上睡觉常常当"团长"，夜里经常被冻醒好几回。那时，我们取暖用的是过去那种装汽油的大铁桶，火烧旺时屋里热得受不了。晚上睡觉前，为保证安全就得把火熄灭，所以后半夜又冷得不得了。时间长了，板床下边的冰冻地面也慢慢融化了。有一天夜里，突然"轰隆"一声，大家都惊醒了，以为是敌人的炮弹打来了。这时我感觉好像有什么东西压到我身上，猛地坐起来，打开灯一看，原来是我们的板床支柱倒了，床板散了架子，我们随着落地的床板滚到一起。大家相互瞅瞅，会意地笑了起来。战时生活就是这样，不知道随时会发生什么状况。疲困的我们也顾不上整理床板，干脆顺其自然，把被子简单铺一下又都睡了。

那时，尽管条件非常艰苦，但在和平年代还有机会参加保卫祖国的战斗，这让我感到无上的光荣和自豪。为了保卫祖国我死都不怕，这点困难又算得了什么！尤其我们前线总指挥所，又是敌人重点打击的目标。我全然不顾，全神贯注、准确无误地接转事关战斗胜败的每一个电话。除正常值班外，我还和男兵一起挖战壕、修掩体、架线、撤线。从来没有爬过树的我，也壮着胆子和他们一样爬树，多次完成了临时性的树上架线任务。

有一次，我们步行到几千米以外的地方改撤线路。珍宝岛这地方的树很有特点，又细又高。我没觉得太费劲就爬了上去，身穿棉衣增加了体重，肩上又挎着武器、工具，树被晃得摇摇摆摆。这时，刚好别的部队几个首长路过，看到女兵也会爬树，一边指着我们，一边不停地大笑，乐得前仰后合，竖起大拇指，夸我不简单。这时的我，虽然手都冻麻木了，但完成了任务，心里热乎乎的。

我们话务班班长陈晶是 1963 年老兵，柏惠琴是 1965 年兵，而剩下的我们四个都是 1968 年入伍的新兵。在陈晶老班长的带领下，我们团结友爱，就像亲姐妹一样。有一次，轮到我值下半夜的班，可醒来睁眼一看，天已大亮。原来，班长为了让我多睡一会儿，竟然自己连着值了

珍宝岛上

话务班合影。从左到右（上）：任惠玲，陈淑艳，陈秀莲；（下）：我，陈晶，柏惠琴

我在劈柴

一夜，这让我感动得不知说什么好。老兵爱新兵，班长爱战士，战友之间相互关心爱护的事儿太多了。陈秀莲、陈淑艳能吃苦又能干；任惠玲是干部子女，但一点也不娇气；柏惠琴虽然身体比较弱，工作却很认真。有急活重活，我们都抢着干，谁也不甘落后。

一天，听说前线总指挥肖全夫副司令员要来看望我们，当时我非常激动，这回可真有机会见到首长了。当他和秘书到总机班来看望我们的那一刻，看到眼前想念的首长，顿时让我感到特别的亲切和兴奋。他一一问了我们都叫什么名字，我们回答后，首长哈哈大笑："好哇！你们长话连真行！来了'四百人'啊！"他把我们都给笑蒙了。大家你看我，我看你，明明我们只有六个人，首长怎么说来了"四百人"呢？正在我们发着愣还没缓过神来的时候，首长秘书笑着说："你们不是有四个姓陈的，一个姓柏的，一个姓任的吗？这不就叫'四百人'吗？"首长也太幽默了，让我心里暖暖的。

接着，首长和我们聊天的时候，当他知道我是雷锋生前辅导过的学生陈雅娟时，摸着我的头说："哦，你还是我批准入伍的女兵呢，好好干，要像雷锋一样做一个保卫祖国的好战士……"首长的叮嘱我记住了。

（1968年，我入伍后，张峻叔叔曾和我说，他几经周折找到原沈阳军区副司令员肖全夫，是肖副司令员亲自批准我入伍，把我放到原沈阳军区司令部机关直属单位的。在司令部政治部赵明生主任的安排下，我被分到了司令部直属通信总站长话连。作为一名新战士，肖全夫副司令员让我记忆犹新。）

首长亲临慰问，给了我们极大的关怀和鼓舞，自此，原来有时生出来的想家的念头也没有了，心里踏实了许多，干活的劲头更足了。

有一天傍晚，我刚下白班，正要去吃晚饭，突然听到了紧急集合号令。我顾不上多想，和战友们登上前来接我们的汽车，直奔离我们大约4千米远的一个正在燃烧的军用仓库。

火焰就是命令，火海就是战场。到了目的地，我们跳下车直奔火场，开始紧急抢救。战备物资是夺取战争胜利的重要物质保障，多抢救一份，就多一份胜利的保障。

我和战友们不顾烟熏火燎，一次次地冲进火海。正在我要第三次冲进去的时候，突然有人喊："小心啊，里面有雷管。"是啊，一旦雷管爆炸，那是会出人命的。但是，我们抢救的物资，可是夺取战争胜利的急需品呀！决不能放弃！是进还是退，这就是对我直接的考验。

保卫祖国献青春，我不能违背自己的诺言。我没有退却，继续冲进火海抢救物资。大火被扑灭了，重要物资都被抢救出来了，在返回的车上，我们情不自禁地欢呼、拥抱起来！这时，战友们你看看我、我看看你，又是一阵大笑。原来此时的我们，人人脸上全被浓烟熏黑了，只露出一口白牙。回到驻地才发现，我的头发也被火苗燎着了，手也被烫出了血泡。但是，我的心情格外畅快，因为我经受住了一次血与火的考验。

在第一次战地讲评时，我获得了营嘉奖一次。后来听说，根据我的表现，营临时党支部准备发展我火线入党，但因沈阳老连队外调材料迟迟没有报上来，我这火线入党的事就没有了下文。

在和平年代有机会参加这次珍宝岛自卫反击战，虽然我没有直接上前线与敌人刀枪相对，但在艰难

2022年3月5日我在中国人民革命军事博物馆参加纪念雷锋的活动时，特意到53年前我们部队在珍宝岛自卫反击战中缴获的坦克前留影

困苦环境下的历练和生与死的考验，让我身临其境地学到了很多，领悟到了人生价值的真谛。

过去我只是在电影里、书本上，知道了很多为国捐躯的战斗英雄，像董存瑞、黄继光、邱少云、刘胡兰等千万个先烈流血牺牲的故事，更是耳熟能详。今天，在珍宝岛自卫反击战中，我亲眼所见，亲耳所闻，像冷鹏飞、孙玉国、于庆阳等十位战斗英雄以及那些英勇杀敌而献身的英烈，他们为了保卫祖国，为了我们今天的幸福生活，继承先烈们的遗志，不怕流血牺牲，英勇顽强作战的英雄事迹。英烈们的铁骨铮铮、不畏牺牲的英雄气概，可歌可泣，更是深深地感动和激励着我，永远让我铭记心中。我也更加深刻地感受到了我们今天的幸福生活，真的是来之不易，是经过几代人的艰苦奋斗、流血牺牲换来的。我们要加倍珍惜啊！

当今国际局势波谲云诡，周边环境敏感复杂，我们的祖国正面对百年未有之大变局，正是需要全体同胞承担时代使命、肩负家国责任之时，我们必须时刻准备着为保卫祖国而战！只要是祖国的需要，我仍然会奋不顾身挺身而出，因为我永远是一个兵！

顺利，是顺利者的通行证。磨难，是磨难者的座右铭。

苦的滋味和煎熬，确实让人难受。但尝过苦的滋味后，才能真正感觉到甜的滋味、"真理的味道"。因此，苦中之乐，是一般人体会不到的乐，是常规快乐所不可企及的乐，这种乐，是大乐、至乐、真乐，因此，我称之为"酷乐"，也就是有风采、有范儿的那种乐。

只有超越了抱怨、困难、挑战，甚至极限之后的苦，才可能体会到这种乐。

做最苦的事锻炼自己

从珍宝岛前线回来后，连队为庆贺凯旋，准备杀头猪慰劳我们。虽然我们是女兵连，但我们长话连的女兵个个不示弱，在一些人看来唯有男同志能挑的重担，我们女兵也照样能挑，扛 185 斤重的米袋子，大家一点都不含糊。我们那个年代部队专供的大米、高粱米都用麻袋装，一袋重 185 斤，现在说起来可能有人不信：那怎么可能？你别说，这还真是事实，你想啊，汽车把粮食拉到伙房门口，总不能开进屋里吧？这就需要我们背扛到屋里。这样的事我也逞能试过，因力气小，从来没干过，又不会用巧劲，结果闪了腰，还落了个腰痛的毛病。

我们炊事班的女兵好多人都杀过猪，老班长王宜文大姐，也就是后来我们的连指导员、营教导员、团副政委，因一刀就能杀死猪而得名"王一刀"。因为我是从炊事班走出来的，所以我向班长提出申请：这头"庆功猪"由我来亲自杀吧。然而，在得到班长的批准后，雄心勃勃的我，手握 1 尺多长的杀猪刀时，这手却有点不听使唤了。在家捏死虫子的胆量都没有，这猪我能杀死吗？但一想起我为什么要求杀这头猪，不就是因为在珍宝岛前线没有亲手杀过敌人，回来杀头猪也算解恨了？对！这嚎叫的猪就是我们的敌人，在敌人面前不能胆怯。于是，在战友的提示和鼓励下，终于三刀完成了任务。

这时，我才感到，"没见过猪跑，还没吃过猪肉"这句话，还真的是有着许多不曾了解的内容呢。

不承想，杀猪的我，竟然和猪建立起了联系。从珍宝岛回到连队，当年10月下旬，我又被派到沈阳市郊的塔湾农场当饲养员。

远离连队，单独执行任务，对我来说，还是第一次，自然又是一次锻炼和考验。在这之前，别说是喂猪，我就是亲眼见过的活猪都很少。听说，在我之前每次连队都是派两个人来，这还有个伴。

可这次只派我一人。

老兵简单地向我交代了一下喂猪的程序后，就离开了农场。

偌大的一个郊外，只留下了不知所措的我。

当时已进入寒冬季节。冰冷的猪食房里，那口温猪食大锅已经结了一层薄冰，一阵阵难闻的猪食味儿时常扑面而来；或许是因为看到了陌生的面孔，十几头小猪不停地嗷嗷嚎叫……顿时，我蒙了，这可咋办呢？说实在的，当时，我哭的心都有。呆呆地看着这群猪，我感觉非常孤独无助。

这时，农场的老班长丛世发走了过来。他似乎看出了我的心思，走到我的跟前，微笑着对我说："你是新来的吧？喂过猪吗？"我说，没有。他安慰我："没关系，慢慢来，有什么问题，我们都会帮你的。"这时，一股暖流涌上了我的心头，我终于长长地舒了口气。

当时，农场只有两名女兵，另一个是自动站的女战士张苏琴。我们

从左二开始依次为：丛世发班长，林颖，周素华。大家都曾在农场喂过猪

我当饲养员　　　　　　　　　　我和战友张苏琴（左）

俩住一个屋，这样有个伴，心里踏实了很多。她是先我来到农场的，已经有了喂猪的经验。生活上，她关心我；工作中，我常向她请教。我们在最艰难的时候，相互扶持，相互赋能，结下了难忘的友谊。2018年春天，已到暮年的我俩在北京又相遇了，这该是多大的缘分啊！

雷锋在日记中说："钉子有两个长处，一个是挤劲，一个是钻劲。我们在学习上，也要提倡这种'钉子'精神，善于挤和善于钻。"我凭着雷锋的这种"钉子"精神，很快就适应了这份独特的工作。寒冬腊月，远离连队，面对的又是一群不会说话的猪，怎样才能把它们喂好？这是我特别关注的问题，也是摆在我面前的紧迫任务，更是责任心的检验。古人讲"慎独"，在喂猪这件事情上，我体会得尤其清晰而深刻。

听老同志讲，喂猪也是一门学问。猪食也需要把握好咸、淡的度：咸了，猪要躺着；淡了，猪不爱吃，影响长膘。可是，这咸淡该如何把握呢？

我当过炊事员，炒菜时可以亲口尝一下咸淡。可这是猪食啊，是用豆腐渣、酒糟和连队剩菜剩饭合成的，难道也要亲口尝尝不成？是啊，毛主席说过，要想知道梨子的味道，必须亲口尝一尝才能知道。可是，这猪食闻起来都让人感到恶心……我真的又遇到考验了。

远离连队单独执行任务，在没有人监督的情况下如何尽职尽责地做好工作，对自己确实是一次很好的检验，也是一次自我提升的很好的课堂。我想，既然组织把我放在这里，也是对我的信任，我应该全心全意、尽职尽责地把猪喂好，为连队服好务，让战友们吃到更好的猪肉。于是，我不顾难闻的猪食味，经过多次亲自品尝，终于掌握了如何制作让猪爱吃的配方和制作要领。记得第一次品尝时，本来刚温好的猪食的味道就不好闻，我又刚吃过早饭，胃里的食物还没等消化完，就一股脑儿地顺嘴全喷出来了。恶心的我半天没有缓过劲来，看到猪食就想呕。这样有过几次，慢慢也就适应了。

　　这初次喂猪，可真让人长见识，想不到的小插曲一个接一个，有的时候让我哭笑不得。我第一次喂猪食时，蹬着猪圈旁的石台，吃奶的劲儿都使出来了，把猪食桶拎起来正往猪槽里倒的时候，这群猪可欢实起来了，一窝蜂地跑过来，结果倒得它们满头都是猪食。这猪也不愿意呀，像拨浪鼓似的摇头晃脑，两只大耳朵左右扇乎，结果猪食溅得我一脸一身，甚至溅到嘴里，这把我气的！对它们打不得骂不得，弄得狼狈不堪的我也是哭不得笑不得。

　　还有一次，我听说猪不能总圈着，放开让它跑跑也爱长膘。于是，看到别人家放了，我也把猪放了出来，心想，这回好了，猪不在圈里，往猪槽里倒猪食，再也不会溅到我身上了。于是，我乘机用扁担挑起装好的猪食桶，就往猪圈走去。我家的这个扁担与众不同，挑起猪桶走起来之后会给你伴奏，一连串"吱扭，吱扭"的声音发出后，只听我身后有猪"吭哧吭哧"的声音，还没等回过神来，后边的桶给拱翻了，等我停下来回头看的工夫，前边的桶也给拱翻了。这真是，按下葫芦起了瓢，你根本轰不走它们！我只好傻傻地站在那儿看它们吃，待它们吃饱了，都晃悠悠地进圈睡觉去了，我才用铁钎把剩下的已经冻在地上的猪食铲起来。

　　后来我才弄明白，原来我家的猪听惯了这扁担声，一听到这声音就知道你要来喂它了。哈哈，原来如此！这喂猪不但有学问，还会给你带来好多意想不到的情趣。谁说苦里没有乐！

知己知彼，百战不殆。经过这次"光荣"的失败，我慢慢了解了它们的脾性。每天喂食时，我就先把它们引开或者圈起来，然后眼疾手快地站在石台上，往猪槽里倒食，还没等这猪群拥过来我都倒完了。

等小猪们吃好食物后，我就把它们赶出来，到外面去放风。这时，我赶紧把准备好的工具找出来，进行猪圈的清洗工作。清扫猪圈时，满鼻子臭味的"熏陶"成为我每天必定要做的"功课"。如果不及时清扫，猪圈的味道就更重了，小猪们因为待着不舒服，也影响它们的生活。所以，每天大清早第一件事情就是温猪食，然后去喂猪，回来洗漱后自己赶紧吃早饭，然后就是清理猪圈。一天下来，忙得我脚打后脑勺，空余时间很少。

因为是冬天，吃饱后的小猪们出去玩的时候，大多往柴火垛里钻。经常是头钻进去了，屁股露在外面。为了不让它们挨冻，有一次我很小心地拿来一把柴火，轻轻地放在它们屁股上。这下可好，不但没帮上忙，反倒把猪吓跑了。我感觉自己还像个孩子似的，挺后悔的，心想还不如不管了，它们还能多在里面待一会儿，多暖和一会儿。

每天就是这样，猪吃饱了、玩好了，猪圈也被清理完毕，它们就开心地回到自己干净的窝里，过干净的生活去了。

经过这样精心、快乐的喂养，可爱的小猪们一天天长得膘肥体壮，我看着开心极了，感到由衷的欣慰。

远离连队单独执行任务的我，又一次经受了历练和考验，在人生路上又踏实地向前迈了一步！

话务员的服务对象，是通过线路沟通但见不到对方的人；炊事员的服务对象，是连队的干部战士；饲养员的我，面对的则是不会说话但活蹦乱跳的猪。这，对我确实是个考验。你可以马马虎虎对它，吃好吃坏、吃饱吃不饱，它不会告你的状。这完全凭的是责任心、良心，这对

雷锋
辅导我一生

我就是一个没人监督下的考验。我经受住了，也战胜了自我。我的人生经历和能力锻炼也随之而多样化。这样，在面对多样化的外部世界时，才不会陷入手足无措的困境。

我在通信总站长话连只待了三年零四个月的时间，这期间受过多次嘉奖，比如被评为"五好战士"，通信总站及原沈阳军区学雷锋、学毛著积极分子等。

这是原沈阳军区召开纪念毛主席给雷锋题词8周年暨表彰学毛著积极分子会议上和女代表合影。前排左二是我

虽然我离开连队几十年了，但只要连队有大型纪念活动，总邀请我回去参加。2021年3月5日，我又回到老部队和战友们一起分享雷锋故事，传承雷锋精神，交流心得体会。分享本身就是一种责任和使命，而回去则是一种幸福和温暖，一种回家的幸福与温暖。

正负极的撞击，才迸发出闪电。

击打石头之后，才会电光闪现。

人生，也一样。多姿多彩的人生，其实就是多重撞击、多次摔打后发出的"七色光"。

回到老连队

训练大队二三事

我的学员生活

1971年9月，原沈阳军区司令部决定，从我们通信总站选调一批女战士，到原军区通信训练大队学习。

10月12日，我和几十名女战友一起报到。那时，大队组建不到两年，虽然工作人员和学员们白手起家，艰苦创业，各方面条件有了改观，但仍然没有我们想象中的军校模样。

从金州站下了火车，我们列队步行到这座古城的东门外。走进营区，我们第一眼看到的是操场上杂草丛生，破旧的营房缺窗少门，营区里多是土路，车过就尘扬。

可是，来到大礼堂东北侧的一排平房，我们顿时眼前一亮，好像在荒漠中找到了绿洲：四人住一屋，上下单人铺，房前是球场，房后是果园，温馨幽静，很适合专心学习。

"咱们所有学员宿舍，都和我们一样吗？"多多少少地找回一些心理落差的不平衡后，我们旋即提出了这样的问题。"哪里呀，我们中队的宿舍，在大队所有宿舍中，条件是最好的！"比我们先到一周多的副中队长李延苓和副指导员张学平，向我们道出了实底。

原来，这排房子住的是大队首长和政工股干部，是他们的办公室兼宿舍。女学员要来了，考虑到女兵的特殊性，大队首长决定，把这里腾

005 雷锋影响我一生

131

我们学员二班合影（前排左二是我）

学员训练中

出来，他们搬到大院西侧靠老城墙根的那几排土砖房里，政工股搬到大礼堂西侧的小楼里。仅仅用了一周时间，大队便组织人力，把这里的走廊和所有房间粉刷一新，收拾得干干净净了。

李延苓和张学平还告诉我们："以后有机会，你们到大队首长住的地方看看，那里又暗又潮，根本不能与我们这里相比。"之后，我们也曾去过那里，真实的境况远比她俩说的还要差。大队首长这样特殊关心和照顾我们，既让我们感动，更让我们平添了许多刻苦训练和积极投身大队建设的劲头。

学员生活开始了，我们区队分成三个班，我担任二班班长，既要负责班里日常事务管理，又要完成自己的学习任务，而且不久，组织上又安排我担任部队驻地红旗小学（后来改为实验小学）的校外辅导员。

提起学习，对我来说也是比较艰巨的任务，好多专业性比较强的通信知识，我从来没有接触过，什么"大八一"、"小八一"、电阻、电容等，特别是高等数学，对于我一个仅有初中文化水平的人难度更大。但既然来学习就要有吃苦精神，要有克服困难、战胜困难的思想准备。在学习中，我不耻下问，课上认真听，课下认真完成作业，有时因为队里开骨干会或者参加社会有关学雷锋活动，耽误了学习和完成作业的时间，我就利用午休或晚上的休息时间，坚持把当天的作业完成。一次，因为去大连市参加共青团代表大会，耽误了两天课，回来既要学新课还要补上落下的课，一连几天没有午休，晚上一学就是小半夜，身体有时也真吃不消。有一次正赶上理论课结束要进行阶段考试，我还应邀参加大连市教委的一个报告活动，都是任务，哪头都得顾上，心急呀！这要考不好多丢人哪！那几天，因休息不好，胃病又犯了，吃啥吐啥，吐得我两眼直冒金花，浑身出虚汗。就是在这种情况下，我也没退缩。中队领导很关心我，安慰我不要太着急，特别是我班党小组长张新建，她学习好又热心，经常主动帮我补课，让我很感动。有他们的关心和支持，有他们的帮助和辅导，我克服了重重困难，对完成学习任务更增添了信心和勇气！我终于又跟上了上课的学习进度，阶段考试也取得了良好的成绩。后来，我们原来的区队长任少敏被选送到上一级通信学校学习，我又接任区队长工作，尽管学习任务重、工作担子压力也增加了，但更多的时候，因为我心中永远有个榜样——雷锋，他的精神力量给了我巨大的鼓舞。

1973年7月，我以良好的学习成绩通过了毕业考试。完成了学业，训练大队党委决定留下五个学员，我就是其中的一个。

1973年2月27日，原沈阳军区通信训练大队机务专业技术培训学员毕业合影，这意味着我们完成了中专学业。后排左四是我

成立儿童团

毕业后，我被选留大队政工股，担任青年干事。大队首长为了让干部安心工作，还让我兼做干部家属和子女的工作。

当时，大队干部多是实行"五同"（同吃、同住、同劳动、同操练、

我们政治处的合影

同娱乐），干部家属也多有工作，而金州各个小学又多是半日制，再加上每年各一个月的寒假和暑假，干部子女的校外教育和管理就成了难题。有些调皮淘气的孩子打架斗殴，甚至上房揭瓦、抓鸟掏窝，影响了干部家属的团结，牵扯了干部不少精力，也让大队首长很头疼。

能不能成立个儿童团，把孩子们组织起来？我把这个想法向大队提了出来，立即得到了支持。儿童团成立之初，多数孩子很高兴，也有个别的不买账，觉得受到了约束。如何做好儿童团工作，我经验不足。当时宣传股的干事王士贞同志经常给我出主意，使儿童团工作开展得比较顺利。

孩子小，喜欢听故事，我就讲雷锋叔叔的故事，用小时候雷锋叔叔帮助我的感受，向孩子们传授雷锋精神，结合身边生活的具体事例，教他们如何从点滴做起。小家伙们经常听得入了迷，不停地问这问那，听完一个没听够，让我接着讲。有时，我讲得口干舌燥，但看到孩子们高兴的样子，心里也非常高兴。

抓住孩子喜欢玩这一天性，我组织他们开展文体活动，带他们参加大队运动会和文艺演出。我先是自己掏钱，买了个新足球，后来大队又支援了一个篮球，组织他们搞友谊比赛。大队还经常出车、出人配合。我们带着孩子们外出活动，去金石滩，去龙王庙西海里游泳，到近代战争遗址参观……

　　这样一来，孩子们还真的发生了变化，能够主动做好事，学着洗衣服、打扫卫生。他们不再打架斗殴，还自觉地打扫家属院卫生，拔草、捡石子、抬水、浇花、浇菜……特别是几个原来毛病比较突出的孩子，后来变得简直像换了一个人，他们的父母都感动得直夸大队的儿童团办得好。

组建幼儿园

　　当时，金州的幼儿园只有两三个，不少单位有托儿所，但不对外，孩子寄托驻地附近人家的费用也很高。这也成了许多干部的一件难事。不少干部万不得已，只好忍痛将孩子送回老家，托付给父母或其他亲人。

和孩子们在一起（摄影 王士贞）

　　能不能办个幼儿园？我向大队写了报告，没过多久，就得到了批准，还特批了一套闲置的家属房。1976年年初，大队有史以来唯一的幼儿园诞生了，这个幼儿园由我具体负责。

　　面对全新的工作，我们打定主意：干中学，学中干。

我和两位保育员，自己动手，粉刷墙壁，打扫卫生，安装板床。没钱买工具，我从家自带，连小人书和小玩具，都是我自掏腰包买来的。开始时，保育员战姿没有住处，就住在我家里。

为了给孩子们取暖时节省开销，我拖着怀孕好几个月的身体，经常到木匠房用麻袋装刨木花，再用自行车驮着往幼儿园走。从营区到家属区有3里多的路程，还要上一个大陡坡，虽然有些累，有时甚至得休息好几次才能上得来这个坡，但我身累心不累。

我们迎来的第一批孩子有十几个。最大的是张新珍的孩子张军，虽然到了上学年龄，但因为刚从河南随军过来，还没办好入学手续。最小的是李树槐的二女儿李忧，刚1周岁。当时，大队规定，一个孩子只是象征性地收托儿费3元，用以补贴保育员的工资。

为了把幼儿园办好，我带保育员到县幼儿园学习，请文化馆老师来指导，有时我还给孩子们讲故事，带孩子们做游戏，请卫生所杨都明所长给孩子们体检、讲卫生常识，搞好防病免疫。

1977年，在大队筹备"八一"文艺晚会时，我提出，让我们幼儿园也出几个节目。大队首长马上就同意了，说这是锻炼孩子们的好机会。我和保育员战姿立即抓紧排练，找来苞米秸干做锄杆，用纸壳染色做锄头，组织孩子们表演《井冈山上种南瓜》《火车向着韶山跑》等节目。演出那天，孩子们那甜美的歌声和稚嫩的表演，赢得了阵阵欢笑与掌声。干部们说，幼儿园办得实在是一举多得，既帮我们解决了后顾之忧，也提高了孩子们的素质。

在政治处工作了9年，工作任务比较琐碎，但不管组织上安排我做什么工作，我都努力克服一切困难，做好为干部家属服务的每项工作，由此也得到了干部、家属的好评。

我又当上了教员

1981 年，组织上把我从政治处干事的岗位调到政治教研室当教员，讲近代史。对我来说，这真是有点"硬赶鸭子上架"的感觉。因为我毕竟还是个老初中生，文化底子薄，能胜任吗？当时找我谈话的黄志孝老政委也看出了我有畏难情绪，就对我说："咱们训练大队是个团级单位，你在学员队期间就提干了，可在政治处股长才是副营职。考虑到你今后的发展，根据你的工作能力和表现，组织上决定调你到政治教研室当教员，你是完全可以胜任的。教员可以参加技术职称评定。"领导对我的关心让我很感动，我决不能辜负组织上对我的培养和信任。所以，在教员的岗位上，我加倍努力地读书、学习。我常常想，要想给学员一碗水，自己首先必须有一桶水，厚积才能薄发。

1983 年，刚好赶上辽宁师范大学在大连地区的部队院校中招收一批教龄满两年的历史课教员，学制三年，夜大本科。这对已经 34 岁的

政治教研室全体同仁合影（后排右一是我）

在上夜大的列车上：左一是王江波，左二是我，右一是姜广友，右二是张学平

我，确实是个难得的机会，但这是不脱产的学习，自己不仅有教学任务，还有家务，还要照顾已经上小学的儿子，诸多困难摆在面前，要不要报考？开始时真有点信心不足，经过激烈的思想斗争，想到自己的责任和曾经上大学的梦想，我认为，机不可失，时不再来。要想攀高峰，哪有平坦路？最后我下决心做好吃苦的准备，迎接新的考验！功夫不负有心人，经过刻苦努力、充分准备，我终于考上了辽宁师范大学历史系，圆了我的大学梦。和我同时被录取的还有我们政治教研室的张学平、姜广友两名同志，以及政治系的王江波同志。

在这 3 年的学习中，我们每周都坚持去学校听课 3 天，这样，唯一的一个星期日休息时间也没有了。我们部队在大连的金县，学校在大连市内的马栏子村。从上学那天起，我每天上学，都是上午给学员上完课，急忙回家吃口饭，然后换上便衣（实在来不及的话，个别时候也穿军装），骑 20 分钟的自行车到火车站，再坐上 1 小时火车（通勤火车）到大连，再坐 20 分钟的公交车，再步行一段时间才能到达学校，而且在校园还要再等上好几个小时后，直到晚上 5 点钟才能上课。就这样日复一日、年复一年（自行车 — 火车 — 公交车），每天单程就需要两个多小时。夏天，如果遇上雨天，路上淋湿了的衣服在一个多小时的火车上，即便是被身体"烘干"，到站下车后，如果还在下雨，干了的衣服又会再次被淋湿，湿漉漉的衣服在上学听课中再次被"烘干"……遇上风雪天，骑车的路上因路滑而摔跤也是常有的事。因为我们的月票只能坐往返的慢车，也就是通勤火车，下课早了也只能在火车站等着坐晚上 8 点多的火车，到家就已经快 10 点了。这些苦我都不怕，但更让我感到头疼的是，每到阶段考试的时候，我的学员也要复习考试。我既要辅导他们，自己还要下功夫复习背题，没办法，班后仅有的一点休息时间都被迎接考试占用，所以时间有限，我常常把复习的内容用录音机录下来，边做家务边听录音背题。有时我一边干活一边背题，站在我身后的儿子背着小手也学着跟我背，还别说，小家伙还真给我起到了"加油"的作用，这一来反倒激发了我背题的兴趣。

考上大学的第二年，婆婆来我家住一段时间，看到我整天这么奔忙，也很心疼我，特别是赶上冬天。有一次风雪交加的晚上，根本骑不动车，只能推着回家，到家已经半夜了。婆婆一直在等着我，见我被冻得浑身直打哆嗦，她握着我已经被冻僵的双手，心疼地说："这叫咋回事儿呀！咱有工作，干吗遭这个罪？这书不能念了！"

其实，也有不少人劝我，快奔 40 岁的人了，工作也不错，为什么还要这么辛苦地上学呢？

苦是苦点儿，但苦中有甜啊！3 年的大学生活，我虽然吃了不少苦，挨了不少累，但更多的是不仅学到了知识，丰富了自己，而且还从老师讲课的实践中学到了很多讲课技巧，并注意运用到自己的教学实践中，受益匪浅！

比如，给我们讲古代思想史的杨英杰老师，他的教学很有方法，讲课引人入胜。他在做每一章小结时，不仅仅是讲解语言文字上的意思，而且会结合时间、地点、人物、事件及主要结果，一一道来，详细阐述其历史意义等。他一边讲，一边在黑板上书写下来，讲完了也写完了，字虽不多，但脉络一清二楚，给人留下很深的印象，既易理解，又易记忆。我感到这种教学方法很好，便运用到自己的授课当中，收到了比较好的效果。学员们说，陈教员讲课是下了功夫的，为讲好课确实费了心思、动了脑筋。能得到学员们的认可，我感到很欣慰。

1986年7月，我终于以优异的成绩毕业，获得了大学本科学历。

我在教学期间不但加强自身学习，而且注意提高教学质量；不仅向学员传授中国近代史知识，还注意做学员的思想教育工作，联系实际给学员们讲雷锋的事迹，告诉学员们学雷锋是我们人生最好的选择，要像雷锋那样做一个全面发展的部队未来的战斗员、指挥员。

用雷锋精神引导学员积极向善向上，确实也收到了好的效果。

这些年来，在传承雷锋精神的实践中，陆续收到原沈阳军区通信训练大队的学员和战友们的反馈信息。其中，有一个人让我印象深刻，他叫杨海波，1979年入伍，中共党员，原总后勤部长春军需大学正团职上校。在他近26年的军旅生涯中多次立功受奖，2004年自主择业后，积极投身公益事业，又担任长春雷锋小学等多所学校的校外辅导员，先后发起长春老兵遗体捐献活动，传承雷锋精神，义务宣讲党史、军史……中央人民广播电台、新华社、长春广播电视台等20多家主流媒体多次宣传报道了他的先进事迹。

我与陈振良（左一）、杨海波（右一）在长春雷锋小学

2020 年 11 月，我们在上海参加全国学雷锋研讨会期间相遇，进行了深入交流，他说："陈老师，我入伍的第一堂政治课就是您给我们讲的'雷锋的故事'，是雷锋精神深深地感染了我，也就是从那时起，我就立志做雷锋传人，刻苦学习、努力工作，被评为优秀学员。毕业后历经多个单位，无论走到哪里，都始终不忘做雷锋精神的传播者。"

　　杨海波最后动情地说："陈老师，您就是我人生的榜样和导师！"

　　听到杨海波学雷锋的事迹和他一路走来所取得的那些可喜可庆的成功经验，我真为有他这样的好学员感到骄傲和自豪！

　　这就是雷锋精神的榜样力量！

　　雷锋生前说过："但愿每次回忆，对生活都不感到负疚。"在近 20 年的军旅生涯中，我先后当过话务员、炊事员、饲养员，后来到军区训练大队当过学员、区队长，毕业留校当过干事、教员。无论在什么岗位上，我始终牢记当年老辅导员雷锋的谆谆教诲，珍惜每一次锻炼自己的机会，像老辅导员那样，在平凡的岗位上做一颗永远闪光的螺丝钉。

人生的又一次转折

1986年12月，我告别了19年的军营生活，和老伴一起从部队转业，回到了我的家乡抚顺。

面对人生旅途上又一次重大转折，我曾经想过很多很多。当兵近20年，几移岗位，奔波劳碌，又是先进典型，学到了很多，付出也不少，可以说是备尝酸甜苦辣，但我无悔无怨。今后到地方了，相对来说，紧张与繁忙或许会少一些，安稳与轻松可能是工作与生活的主调。然而，为人民服务是永无止境、没有歇脚的时候，雷锋仍然是我前行的榜样。

1987年1月，我正式报到，来到抚顺市烟草专卖局工作。开始我被安排在局政治处，该处是新成立的部门，有主任、副主任加我一共三个人。二位老主任已近60岁，工作经验都很丰富，这对我刚到地方的起步工作是非常有利的，从他们身上让我学到很多在部队没有学到的知识。

我刚到处里报到，主任召开第一次工作会议，重点讲了我们政治处工作职能主要有两项：

第一，政治处工作要围绕公司主营业务，积极开展思想政治工作，加强对干部职工的思想教育和指导工作等；

第二，部署了1987年上半年重点工作任务。

没承想，会后，主任让我执笔成文整理出具体实施计划，这大概对我也是一次检验吧，我二话没说，接受了任务。毕竟我在部队政治处工作多年也积累了一些经验，这对我也算是轻车熟路吧。根据主任对工作的部署，我做了认真思考和整理后，第二天一上班我就交给主任。他说：这么快呀，真不愧是当过兵的人！他打开一看，高兴地说："你这种用表格的形式整理出来的工作安排，我还是头一次见，太好了，让人一目了然。在这一张表格上，我把上半年每个月的工作及活动主要内容、目的、要求、参考资料、负责人、备注等，都做个清清楚楚的说明。"老主任对我的工作很满意，也算是我到地方正式工作后交上的第一份让领导满意的答卷吧。

后来，局领导又交给我一项考核全局中层干部的任务，这也是自1984年烟草专卖局组建以来的第一次中层干部考核。这次，我真有点为难了：一是我来的时间短，连机关人员的名字都叫不上来呢，况且又不太熟悉情况；二是刚到地方工作，脚跟还没站稳，弄不好还会得罪人。当时也有好心的人对我说，雅娟，干啥也别干这个，弄不好，你非栽到那儿不可。所以，我在思想上是有点犹豫的，但我想得更多的是工作总得有人干，如果一事当前总替个人打算，那还算什么共产党员？特别是当领导看出了我有畏难的情绪时，就热情地鼓励我："你要放下包袱大胆去做，相信你有这个能力做好这项工作！"领导这么信任我，对我是个很大的鼓励。我愉快地接受了任务，用最短的时间首先记住、熟悉机关几十个同志的名字，并能面对面叫出来。在考核中我按照考核干部的有关政策和标准，坚持实事求是的原则，深入群众中认真广泛听取干部、职工的意见及其本人对自己工作的评价，一分为二、主客观分析每一个中层干部的情况，经过认真调研综合分析，最后形成了25份考核材料。对考核中的每个中层干部我都是本着对工作、对其本人负责任的态度，向党组提出了自己的建议，特别是对不称职的中层干部提出了调整意见。局领导班子经过研究，采纳了我的意见，并对我的工作给予了充分肯定。能起到给领导当好参谋助手的作用，我自己也感到欣慰。

通过这次对中层干部的考核，局党组及时采取了调整措施，提职的晋升加薪，不称职的免职降薪，极大地调动了广大干部职工的积极性，使干部职工进一步认识到了工作干好干坏是不一样的，奖惩严明就是好。这种管理干部的大胆尝试，受到省公司人事处领导和主管领导的好评，也得到其他市公司的借鉴。后来，组织上又交给我拟写一份抚顺地区烟草专卖局成立4年以来的工作总结，这对初来乍到，刚进入一个新的工作环境，且对以前的工作既没经历过又一无所知的我来说，感觉这个任务太重。没有压力就没有动力，我想，这不仅是对公司尽快有个更全面了解、熟悉的机会，也是对自己学习和工作能力的进一步检验。为了完成任务，再次交上一份让领导和干部职工满意的答卷，我铆足了劲儿告诉自己，一定要克服困难，尽职尽责地完成好这项艰巨的任务。于是，我白天深入机关各科室、基层批发部，特别是各批发部都分散在全市各区，一天下来不知要跑多少路，有时忙得连口水都顾不上喝。市里的跑完了，还要乘长途车到清源、新宾两县烟草公司搞调研。经过半个多月深入细致的调查研究，认真广泛听取干部职工对局（公司）4年来各方面工作的评价（好的方面和不足的地方）及对今后局的工作建议，这期间我还特别注意倾听老领导和老同志们的意见，以取得他们的指导和支持。为了赶时间，晚上回到家里还要加班加点整理材料。最后，我写出了一份近两万字的总结报告，得到了党组的认可，党组书记、局长韩长贵在召开抚顺地区烟草工作总结表彰大会上采用了这个报告。后来公司副经理吕治安在省公司政治工作总结会议上也以此材料做了发言，受到了省领导和各市公司的好评。

我还积极主动向党组织提建议，开展一些有意义的活动。比如为迎接"七一"党的生日，亲自策划组织一次较大规模的活动，请先进模范人物做报告，组织新老党员向党旗宣誓，通过这次活动，极大地激发了广大党员"我为党旗添光彩"的热情，极大地鼓舞了非党员群众要求入党的激情，写申请要求入党的人越来越多。很多干部职工、党员同志反映，这是咱们烟草公司组建以来，第一次规模大、内容好，既生动又有教育意义的活动，这样的活动应该多搞一些，大家都愿意参加。

为了加强对广大党员党性和党的基础知识教育，我们联系实践建立讲党课制度，授课人以局领导为主，同时也发动中层干部讲，并且能积极为党组成员提供党课所需要的有关资料，督促备课，按时讲课。1987年党课教育每月一次，按全年计划全部落实。1987年年底，我被任命为政治处副主任主持工作。1988年组织上又调我到公司办公室（对内管理）任副主任主持工作。办公室主要负责公司行政管理，如档案、文秘、办公用品的保管和发放及车辆管理，还有日常考勤、办公秩序、公共卫生等。

在人少任务重的情况下，面对的工作又比较繁杂，既要做好对领导和机关的服务，又要及时满足基层的有关需求。除了本办公室日常工作，还要注意协调与其他科室及上下左右关系，如有不周或疏忽就要出问题。所以要做好这项工作，更得有很强的责任心和自我约束力，要求别人做到的自己首先做到。比如，我虽然负责车辆管理，但无论公事还是私事，我从来没有动用过车辆为自己服务；虽然负责管理办公用品，但也没有多拿多用。办公室组织粉刷墙壁、清扫卫生、清扫积雪等各项劳动，我都能积极组织并参加。有一次，我看到办公楼二楼厕所堵了，让人下不去脚，我就从其他单位借来工具亲自去疏通清洗，把又脏又臭、沾满粪便的大便池用硫酸一点一点地擦得干干净净。同志们看到都感慨地说："咱主任不愧是雷锋辅导过的好学生！"

办公室工作每天处理行政事务比较多，为了更好地适应和做好以经济工作为中心的"三服务"工作（服务领导、机关、基层），我还注意在做好"三服务"工作的同时，积极开展思想政治工作，把思想政治工作贯穿于经济工作之中，比如，围绕公司经济工作激发广大干部职工的工作热情，通过办简报、出板报等形式，积极宣传党的方针政策，宣传经营活动中的好人好事，较好地促进和推动了我公司经营活动和思想政

雷锋
辅导我一生

治工作的开展，较好地发挥了办公室综合部门的职能作用。

在政治处和办公室工作期间，我积极配合党组织向报社及抚顺市委巡视处反映公司思想政治工作和经营工作情况，被报社、抚顺市委信息处多次采用，发表了两篇论文，起到了党组宣传指导的喉舌作用。

1988年，我被评为"抚顺市文明标兵"。

1989年年初，局里安排我担任专卖办公室主任，同时兼任烟草市场治安派出所所长。这样一来，那种"早八晚五"的工作节奏改变了，迎接我的，是新的战场、新的战斗、新的考验。

此时，国家部分卷烟价格刚刚放开，一些不法分子乘机从多种渠道违反专卖条例，干扰卷烟市场秩序，倒卖卷烟活动十分猖獗。就在这风急浪高的时刻，我走马上任了。用老百姓的话讲，和不法烟贩子打交道，是专门得罪人的工作。走私贩私、非法倒运烟草的，大多是无业、刑满释放人员，整治走私贩私，就意味着断他们的财路，他们必然红着眼要跟我们玩命、玩手段。

我带领全所9名干警，负责管理全市6000多户经营卷烟的单位和个体户，以及对全市烟草市场进行检查和管理，听起来很了不得，其实工作一线就是市场和公路。我和同志们经常到公路设卡堵截，经常一干就是十几、二十几个小时。有时，一天一夜连轴转，夏日风吹日晒，虫咬蚊叮，冬季冰天雪地，冻得手脚发麻。我们只要到沈抚检查站设卡堵截，常常是背着饭锅上线，因为设卡点这地方守着高速公路出口，上不着村，下不着店，没地方吃饭，只能自带食材，自行解决。尽管条件艰苦，工资低，奖金少，但同志们干起工作没有叫苦叫累的，浑身都有使不完的劲。

有时忙活了一天一夜，第二天同志们可以休息了，可我是所长啊，尽管累得腰疼脚肿，但是还得回单位继续处理案件。

这样苦点累点都无所谓，最让我感到头痛的，是说情风和请客送礼，还有来自烟贩的威胁和诱惑。这些东西把我围在一种虽然无形却颇有力量的旋涡之中。

为了让我开方便之门，经常有烟贩子托人送礼、请吃，还有硬往我兜里塞钱的，但都被我拒绝了。有的就采取曲线送礼，把茅台酒、中华烟之类的东西送到我亲属家再转交给我。

因为我有言在先——谁也不能代替我收任何人的钱和物，所以他们谁也没有收。这些烟贩子不甘心，又改变手法，托人捎话威胁恐吓。一个老工人听到有人这样扬言，出于对我的关心和爱护，给我们主管专卖的孙佰吉副局长写了一封信，意思是让局里领导注意关心我的安全。孙局长收到这封信后，把我叫去让我看，看后，我很感动！我不但没有被威胁恐吓所吓倒，反而更坚定了做好这项工作的信心，因为人民的关心和支持是我们工作最大的动力。从中，我更加明确地感到，做好这项工作就是我的责任，决不能辜负人民群众对我的关心和期望。

这样，我坚持按原则办案，结果，被我查处的烟贩恨我，找我说情不给面子的不满意我。无形当中，我得罪了不少人。一次，有个烟贩子非法购进的卷烟被我们查扣了。当天，他就直奔我办公室，指着我大吼："你今天必须把扣我的烟一条不少地还给我，否则老子就跟你没完！老子刚从监狱出来，什么都不怕！"我没有示弱，平静而坚定地说："你威胁我没有用！我也是从枪林弹雨的战场上下来的，死都不怕，难道还怕你不成？"我的话不多，却把他给镇住了。他愣了一下，转身溜了。

处罚不是目的，教育经营者守法经营才是目的。有位老大爷违背了《烟草专卖条例》。我们处罚他时，发现他的许可证还没有年检。让他去办年检，他说："我兜里剩下的钱坐车都不够了，哪有钱交年检费呀？"我看他腿脚不好，大老远来一趟也不容易，就从自己兜里掏出钱替他交了年检费。送他出门的时候，又给他两块钱坐车。老人很感动，拉着我的手说："我违犯条例你罚我，我有困难你又帮我，你真是个好干部，也是个好人啊！以后违法的事，我再也不干了。"

有人说："陈雅娟不会用权，多开几次绿灯，早成百万富婆了。"但是，我坚信，按原则办事创造的社会效益是无法用金钱衡量的。所以，仅1990年这一年，我们所里共查处违纪案件1373件，扣罚没收7万多条卷烟，上缴罚款34万多元，有力地维护了国家利益和烟草专卖的经营秩序。

吃请不到，送礼不收，分文不要，凡被我处理过的烟贩子都知道了我的脾气。有的烟贩子把礼送到我家都被我拒绝了，他们对我的态度是矛盾的，见跟我说情不行又恨我，见给我送礼不要又摸不透我，渐渐地也似乎是理解了我。

有一次，我的脚脖子扭了，在家里休息了几天。上班的第三天晚上，刚吃过饭，有个被我处理过的烟贩子敲门进来了，说："陈大姐，我来你家串门，欢迎不？"我说："来玩，欢迎；谈烟的事，不欢迎。"他说："没别的事，就是来看看你。听说前几天你病了，在家休息，市场上卖烟的几个哥们儿想来看看却没敢来，看病号不买东西不好，买了东西又怕你不收，我们面子过不去。所以，只好等你上班了，再来看你。"

他说，他在我家楼下转了40分钟，最后还是下决心上来看我一眼，这样回去告诉哥们儿一声，就行了。

说实在的，当时我心里感到热乎乎的。也许是因为我终于被人理解了，尤其是像这些被我曾经处理过的烟贩子。这使我从中悟出一个道理，那就是：只要我们按章办事，秉公办案，一碗水端平，最终还是能被人们理解的，一些矛盾还是可以避免激化的。烟贩子也是人，他们也是有情感的人，蛮横不讲理的毕竟还是少数。

曾经有人问我，你害怕过吗？说心里话，也害怕过，主要是害怕牵连家人，尤其是我儿子。为了儿子安全，我把他从闹市区的重点中学转到了城边的一所普通中学。有一次，我母亲在电视里看到一条新闻，南方一个烟草专卖干部全家被害。母亲吓得好几天睡不好觉，央求我：

"雅娟啊，你让爸妈多活两天吧，别再当那个所长了。"我每次回娘家，他们都一直送我到车站，必须看着车开了，才肯回去。

年迈的父母不但得不到我的照顾，反而每天为我提心吊胆，我确实亏欠家里人太多了。但是，自古忠孝难两全，我能为自己所从事的工作尽微薄之力，做到了问心无愧，以此作为对父母亲人的补偿，我想他们是能理解和接受的。因此，当有人问我，你这么拼命地做高风险的工作，连家里的亲人顾不上，这是图什么啊？我轻轻一笑："图啥？其实就是为了尽责。"

为了儿子的安全，我也常告诉孩子，没事尽量少到办公室找我。有一次，儿子学校要收书费，他忘了带，中午就去所里找我，当时我不在，他看屋里有不认识的人，还没等我们内勤小韩问他，他就抢先问："陈阿姨上哪儿去了？"小韩反应也很快，拉着我儿子出去，问他："找你妈有什么事吗？"

事后小韩逢人就说："陈所长孩子真聪明，懂得自我保护。"没办法，干我们这项工作，时刻面临着安全问题，不仅我们自己要注意，也得注意保护家人的安全。面对儿子，我感到有些愧疚。

我爱人老吕，他也有自己的工作，还是单位的中层干部，每天工作也很忙，因为我顾不上家，他又当爹又当妈，把家里的事情担了起来。我心里也很过意不去，总想找个机会分担点家务。

有一天，我对他说："今天我下班回来买菜做饭，你不用管了。"中午，我到市场买了新鲜的黄瓜、茄子和西红柿。可是，快要下班的时候，我们接到举报，要到沈抚检查站堵截非法贩运，结果又是一干一夜过去了。第二天早上，我回到单位继续工作，晚上下班才想起来把买的菜拿回家，打开一看，黄瓜打蔫了、花也掉了，西红柿也烂了一个，唯一看着很好的茄子，其中一个里面已坏了一半。见到这种情况，老伴说："行了，你的心意领了，买的菜不但吃不着新鲜的，还浪费钱。"这让我感到很无奈。

还有一次，老伴早上临上班时告诉我，他晚上值夜班，让我早点回来给孩子做饭。可是，这天又不巧，临时又有紧急任务，忙完了已经是晚上9点多了。这时，才想起老伴早晨嘱咐的话，我赶紧往家赶。到了家，一摸钥匙不在身上，落在办公室了。

我敲厨房窗户，孩子睡着了，也没听见。因为太晚了，没办法，我只好给正在医院值班的爱人打电话。他无法脱身，就派人把钥匙送了过来。我进门后，看见孩子趴在书桌上，已经睡着了。不知他吃没吃点东西，我心里很不是滋味……

有一天下午，孩子学校没有课，来所里找我，让我带他去商场买鞋（已经答应多天的事了），我还是脱不开身，就给同事100块钱，请他帮忙带我儿子去买鞋。

鞋买回来了，儿子拿给我一看，啊！是个大品牌，以前听别人说过，100块钱根本买不下来。我就问同事："这鞋多少钱买的？"他说："您就别管了，只要孩子喜欢就行。"我拿出几百块钱，同事坚决不要。事后，我用别的方式补偿了他。

当时，我摸着这双鞋，问儿子："你们班有人穿这鞋吗？"他说，有五六个人穿呢。我说："这鞋这么高档，你一个初中生不应该穿。"说着，我就把这双鞋放到桌柜里收起来。儿子尽管很扫兴，但是没再说什么。

半年多以后，儿子提示我："妈妈，那双鞋我是不是可以穿了？再不穿就小了。"我问："你们班现在有多少人穿？"他说："已经有20多个人穿上这样的鞋了。"我一想，可也是，再不让孩子穿，孩子脚长了，穿不上也是一种浪费。我感到教育的目的达到了，就和他说："既然大多数同学都穿上了，你可以穿了。"

这些年，无论在工作还是生活上，我由于坚持原则，有时候看起来有点不近人情。对此，虽然有些亲戚朋友和工作对象一时想不开，但因为我秉公办事，没有私心，最终还是得到了大多数人的理解和支持。

在加强对专卖管理工作的同时，我们还注意加强内部人员管理，建立廉洁自律等规章制度。打铁首先自身硬，秉公执法，正人先正己，这是我们工作的原则。同时，我还注意狠抓支部建设，充分发挥党员先锋模范作用，结合我们工作的特点，着重抓清正廉洁、遵纪守法教育，党员带头抵制不正之风。虽然我们的工作整天守在烟摊、钱堆里，但我们的党员干部从不随便拿一盒烟、一分钱，真正做到了：吃请不到，给钱不要，送礼不收，自觉廉洁奉公。

我们还积极开展学习雷锋活动。我们组织学习雷锋小组走上街头，到敬老院、孤儿院和有残疾人的工厂做好事；采取书信的方式，帮助失足青年改过自新重新做人；到雷锋生前曾经帮助过的烈属张士霞老大娘家慰问送温暖……

通过一系列有益的活动，全体干警、党员干部受教育于各种活动之中，大家热爱党、热爱祖国、热爱社会主义的家国情怀得以不断增强，也越发坚定了理想信念。同时，我们还坚持开展岗位学雷锋，使同志们认识到，学雷锋千条万条，最重要的是要像雷锋那样爱岗敬业，为党的事业无私奉献最光荣。

几年来，在大家不懈的努力下，顺利、圆满地完成各项指标任务。1990 年，我们所党小组被市委机关工委评为先进党小组；1991 年，我们所又被抚顺市公安局评为优秀派出所，我本人被评为优秀所长。我们专卖办公室又先后被省、市公司评为先进集体。

从 1989 年我当所长，到 1992 年 2 月任副局长，我一直抓专卖管理工作。在这十几年间，我的亲人没有经营卷烟的，没有借光发财的。经我手处理的大小案件 7000 多起，没有一件上诉的。我所同志也没有一个犯错误掉队的。

打铁首先自身硬。我没喝过烟贩子一口水，没收过一份礼、一分钱，之所以能拒绝钱财物的诱惑，就因为我心中永远有一个光辉的榜样——雷锋！

辅导我一生

2015年国家烟草系统报以整版篇幅所做的报道

但是，做这项政策性强、原则性强、工作涉及面广、内外关系复杂的工作，我心里曾经矛盾过。一些人恨我、骂我，甚至想把我从烟草局整走。每当遇到困惑时，我都会问自己，要是雷锋还在的话，他会怎么做呢？

50多年来，不管是遇到好事、喜事，还是挠头、伤心的事，甚至受了委屈，我经常会一个人或约上几个人，到雷锋的墓前静静地站一会儿，默默地和雷锋聊聊，很快就感觉心里敞亮多了。我总觉得，雷锋没有离开我，他总在辅导着我、关注着我、指导着我，给我力量和勇气，让我做好本职工作，做一颗永不生锈的闪亮的螺丝钉。

"初生牛犊不怕虎"主要是由于"无知者无畏"，因为它还没有见识过"吓"的场景。见识了这个场景，被"吓"得不知所措，退缩而去，甚至被"吓"破了胆，是因为它只看到"吓"，而没有识破"吓"的真面目。

被"吓"到是因为"怕"，而"怕"的本质是得失的计算。如果看清楚得到什么、失去什么，二者的价值哪个更大，自然就对"吓"有了一个平静的认识。但不少时候，问题也正出在这里。

价值是个主观的东西，如果超出自我和一时的利害得失去看，则真正的价值判断很容易形成。这样，不是被"吓破了胆"，而是因被"吓"结出了果实，一颗有滋有味、百毒不侵的果实。

人生的又一次转折

我们烟草派出所团队

我们所被抚顺市公安局评为先进集体，我也被评为优秀所长

在雷锋擦车的塑像前与老辅导员心语

有困难时到雷锋墓前，默默和雷锋说心里话

006

传承雷锋精神

我也成为校外辅导员 / 在辅导中感受雷锋 /

从一个人学雷锋到和大家一起分享学雷锋 / 独臂撑不起天 /

帮助一个人，成全一个家 / 我有了一个女儿 / 列车上的巧遇 /

雷锋精神永恒 / 学习中宣传，宣传中学习

1971年，担任金县实验学校校外辅导员。

1990年7—8月，参加全国烟草系统弘扬雷锋精神英模报告团。

1991年，应邀参加中央党校举办的研讨会。

1998年2月，"雷锋精神永恒展"期间，受邀参加"实话实说"节目。

2012年2月底，受邀参加"追寻雷锋足迹"主题大会。

2012年上半年，受邀参加"全国学雷锋两会"组织的井冈山地区学雷锋巡回报告。

2016年5月，受邀参加"七个孩子话雷锋"进京报告团。

……

我也成为校外辅导员

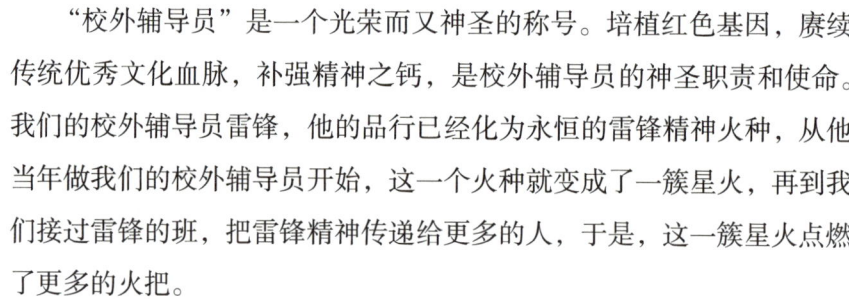

"校外辅导员"是一个光荣而又神圣的称号。培植红色基因，赓续传统优秀文化血脉，补强精神之钙，是校外辅导员的神圣职责和使命。我们的校外辅导员雷锋，他的品行已经化为永恒的雷锋精神火种，从他当年做我们的校外辅导员开始，这一个火种就变成了一簇星火，再到我们接过雷锋的班，把雷锋精神传递给更多的人，于是，这一簇星火点燃了更多的火把。

20世纪六七十年代，伴随着学习雷锋和全国学习解放军的热潮兴起，地方学校纷纷到就近的部队去聘请解放军校外辅导员，部队也相继派出了优秀战士去从事这项工作。无疑，这一活动的开展，也正是弘扬雷锋精神、关心下一代成长进步、军民共建的重要课题。作为解放军战士、雷锋曾辅导过的学生，能去从事校外辅导员的工作，是部队首长对我的信任和鼓励，更是我一生的荣光。

50多年来，我先后担任全国近百所学校的校外辅导员、顾问、名誉党支部书记、荣誉校长等。我最早担任校外辅导员，那是在1968年当兵到通信总站不久。当时，团政治处委派我担任总站干部家属院孩子们的校外辅导员。而最早担任学校的校外辅导员，则是1971年我被部队选送到原沈阳军区司令部通信训练大队学习时。那时，部队驻地大连金县实验学校聘请我去担任校外辅导员，并兼任四年级五中队的校外辅导员。在聘请大会上，已经摘下红领巾8年的我，又欣喜地佩戴上了红领巾。那一刻，我心潮澎湃、热血沸腾。这条红领巾，不仅是孩子们对我的希望和信任，也是我对培养下一代的责任与担当。10年前，给雷锋佩戴红领巾的那一刻，再一次浮现在眼前……

两代"雷锋人"跨越时空的情景交融，虽然年代不同，但那份责任与担当，却再一次让我产生了感恩的冲动，我决心像当年雷锋辅导我们那样，做好校外辅导员工作。我给孩子们上的第一课，就是讲雷锋的故事。我告诉孩子们，雷锋的事迹是真实可信的，学雷锋是人生正确的选择。我送给孩子们的礼物，就是和他们一起动手做节约箱，把雷锋送给我们的"三件宝"传承给孩子们，教育孩子们自觉养成勤俭节约的好习惯。这样学雷锋，才能落到实处。我所辅导的这个班的班主任开始是一个姓林的老师，她很支持我的工作，不久换了一个新班主任，名叫汪春香，她是一个很有责任感、非常优秀的班主任（后来成为该校的校长）。这位大姐非常支持我的工作，我们配合很默契，经常一起带领孩子们去参加劳动、参观、学习、野营拉练等，以培养和教育孩子们，要有吃苦耐劳、克服困难战胜困难的勇气和精神。通过各种有意义的课外活动，孩子们开阔了眼界，增长了知识和本领，也加深了对雷锋精神的理解和对劳动人民的热爱，养成了良好的学习生活习惯。平时不爱参加集体活动、不懂得关心他人的同学，也积极活跃起来，一个团结向上、积极进取的班风越来越浓、越来越正了。

我经常和班主任老师沟通，了解每个孩子的学习情况，还和老师一道去家访，做好孩子们的思想工作。在和孩子们接触的过程中，我发现，有一个孩子平时不爱说话，说话时一着急就有点口吃，身体很单薄，也很少看到他有笑脸。我从班主任老师那里了解到，这个孩子从小没有父母，是奶奶带他长大的，后来奶奶去世了，他又被寄养到叔叔家。好可怜的一个孩子啊！于是，我开始关注他，有机会就找他聊天，鼓励他多和同学们一起玩，同时请老师上课时多给他发言的机会，让他在班级这个大家庭里，感受到更多的温暖。后来，这个孩子的性格越来

我和四年五班的孩子们（摄影 王士贞）

左图：我与班主任汪春香老师合影（摄影 王士贞）
右图：原来的小班长陈锡东（中）如今也成了校外辅导员

越开朗，就像变了一个人。他很聪明，学习越来越好，老师和同学们也都越来越喜欢他，他也有了自信，还当上了班干部。再后来，他考上了大学，毕业后成为北京一所大学的教授。

我也从点滴入手，关心家庭有困难的孩子，帮助调皮不上进的孩子，使他们树立上进心。在和这个班的孩子们相处中，我的节假日基本上都是和孩子们一起度过的。孩子们的衣服划破了、扣子掉了，我一针一线地给他们缝上；我买来理发工具，孩子们头发长了，让他们自己动手理发；为了让孩子们有更多的好书读，我用自己的津贴一次又一次地买回来有教育意义的图书等。

因为我还是学校的校外大队辅导员，所以每当节假日不仅要辅导这个班的孩子，还要经常联系高年级的学生，这样，越是节假日越忙。我和爱人都成了接待员，第一批小同学来了我接待，第二批高年级学生来了，他接待。这样来来往往，我们和孩子们建立起深厚的感情和友谊。

我对孩子们的关爱和在做人做事方面的以身作则，让他们真实地感受到了。日久天长，我待人接物的举止慢慢变成了孩子们的自觉行动，我对他们的付出也得到了温暖的回报。有一次我病了，部队安排我到沈阳住院。这些孩子们长时间没有见到我，经打听才得知我住院，他们都很着急。为了表达对我的思念和关心，孩子们自行商议，每个人从家里拿来鸡蛋（那个年代尽管生活都比较困难，但家长们都很支持），当时全班一共凑了100多枚，由班主任汪春香老师与火车站联系，请大连开往沈阳列车的列车长把这筐鸡蛋送到了我的病床前。

满满的一筐鸡蛋，每个上面都写有一句话："我们想念辅导员！""祝辅导员早日康复！""盼望辅导员早日回来！""辅导员我爱你！"……读着鸡蛋上的字字句句，一股暖流顿时涌上我的心头，我的泪水止不住地流了下来。这哪是一枚枚鸡蛋，这是孩子们一颗颗金子般的爱心啊！同病室的患友也被感动了，她们手拿着鸡蛋兴奋地说，雷锋精神温暖了你，也温暖了我们！

金县表彰的校外辅导员合影

我辅导的四年五班的合影

金县进行英雄主义教育，后上左一为时任训练大队干事王士贞，左五
是我

学校领导和校外辅导员合影。上排右一是汪春香老师，中间一排右一是我

从左到右：王振华，程玉梅，汪春香老师，我，姜华，陈锡东

从左到右：迟贤伟，白素琴，郭杰（学生时代入党，先后担任大连金州区副区长、政协主席），我，我丈夫老吕，祁淑美（时任大连团市委副书记），毕英敏

孩子们变了！他们的转变，也赢得了家长、老师和同学们的鼓励和认可。后来，这个班级被评为学校的优秀班级，我也被评为优秀校外辅导员、先进校外教育工作者，并当选为县人大代表。

　　就是这些孩子中，后来涌现出不少优秀的学生：李晓红、魏世萌同学成为大学教授；洪兰等同学走上国家机关工作岗位；董长成等同学走进部队；郭杰同学中学毕业就入了党，知青回城后走上了县区级领导岗位。班长陈锡东、姜华等同学，还在工作之余，也担任了学校的校外辅导员。看到雷锋精神在孩子们的心里扎根、开花和结果，我感到非常欣慰。

　　几十年的光景过去了。至今我和这孩子们还保持着联系，他们已经成了我的亲人，他们也都为自己曾经是雷锋生前辅导过的学生陈雅娟辅导过的学生而感到自豪。如今他们也已年过半百，也当了爷爷奶奶，他们也像我当年给他们讲雷锋故事那样又给他们的儿孙继续讲雷锋的故事。伟大的雷锋精神就这样薪火相传。

　　老辅导员，您洒落的汗水，是墨汁；您印下的足迹，是大字；您留下的影响，是地热；您传递的精神，是阳光。

　　阳光，不因乌云暂时的遮掩而叹息、埋怨，不因黑夜的降临而失望、沮丧。

　　阳光，终究是阳光，山挡不住，云罩不了，夜埋不掉！

在辅导中感受雷锋

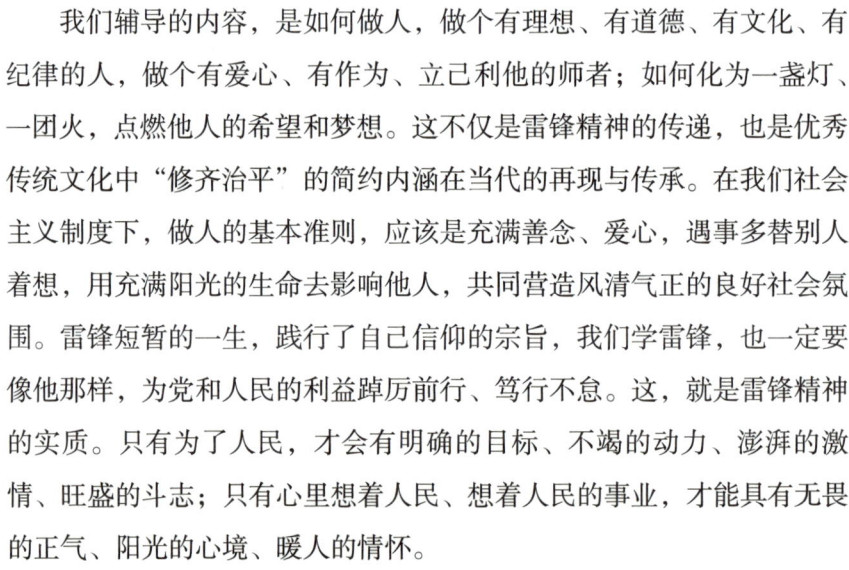

我们辅导的内容，是如何做人，做个有理想、有道德、有文化、有纪律的人，做个有爱心、有作为、立己利他的师者；如何化为一盏灯、一团火，点燃他人的希望和梦想。这不仅是雷锋精神的传递，也是优秀传统文化中"修齐治平"的简约内涵在当代的再现与传承。在我们社会主义制度下，做人的基本准则，应该是充满善念、爱心，遇事多替别人着想，用充满阳光的生命去影响他人，共同营造风清气正的良好社会氛围。雷锋短暂的一生，践行了自己信仰的宗旨，我们学雷锋，也一定要像他那样，为党和人民的利益踔厉前行、笃行不怠。这，就是雷锋精神的实质。只有为了人民，才会有明确的目标、不竭的动力、澎湃的激情、旺盛的斗志；只有心里想着人民、想着人民的事业，才能具有无畏的正气、阳光的心境、暖人的情怀。

金县实验学校聘请我担任校外辅导员，让我高兴之余，也不无顾虑。因为这期间我还是一名学员，也有自己的军事技能要求和政治学习任务，在学员队期间我曾担任过班长和区队长，因此，也担心这样会影响自己的学习和工作。所以，有时也产生过畏难情绪。

雷锋当年也是班长，又是抚顺市人民代表，但他克服了工作多、时间紧、任务重等困难，仍然抽出那么多时间，热情似火地关爱、辅导我们学习，通过他自己的言传身教，引导我们树立远大理想和奋斗目标，做共产主义事业的接班人……想到这些，我充满了信心，克服了时间紧、学习任务重、工作忙、有时身体还不太好等困难，把校外辅导员工作一直坚持做了下来。

刚做校外辅导员的时候，我对怎样引导小朋友们走雷锋成长的道路、做革命事业的接班人，心里一点底儿也没有，很是困惑，只是模仿着他辅导我们的一些常规做法，深入到小同学当中去了解各方面的情况，在辅导实践中不断学习、摸索、探讨。在这期间，我也不断得到更多热爱辅导员工作的战友、社会各界人士的大力支持和鼓舞。特别是1972年6月，我接到来自辽宁开原一四零零部队的一封来信，我急忙拆开信封，只见字迹工整、洋洋洒洒，那质朴、坦诚、谦逊的学习态度和真挚的求教之意跃然纸上。原来是一位素不相识的战友。他向我求教当校外辅导员的经验和体会。他这种虚心好学的精神让我感动，从中我感受到了老辅导员雷锋的魅力。这不仅是一个战友的求教信，更是促使我加倍努力做好校外辅导员工作的加油站。从此，我对坚持做好校外辅导员工作有了更大的信心。为更好地配合班主任老师做好孩子们的思想工作，面对几十个各不相同的孩子，我逐一在心里给他们建立档案，在他们表现出来的行为和心理细节中寻找具有共性的优缺点，然后有针对性地和他们谈心、交流、家访，并邀请他们到我家里做客等，从而在轻松自然的沟通中拉近了距离，赢得了信任。这样，通过努力把雷锋精神与部队的思想政治教育理论尽力融会贯通，正确的价值观、人生观逐渐在孩子们的心中落了地、生了根。

就这样，我开始在了解中感受辅导，在辅导中相互促进，在进步中共享欢乐，从而把传承雷锋精神化作了彼此自觉自愿的行动。我在辅导同学们的过程中，发现有些小朋友爱花钱，爱吃零食；喜欢打扮，不愿穿带补丁的衣服；用作业本大手大脚，写错一个字就撕掉一篇，20多页的作业本用到最后就只剩下了十几页；还有的小同学不爱护公共财物，常常因为打闹而损坏桌椅板凳，弄碎门窗玻璃。看到这些现象，我不由得想起雷锋辅导我们的时候的情景，我们小时候也有类似问题啊！

老辅导员雷锋总能从一点一滴入手，耐心引导和帮助我们养成良好的学习、生活习惯，从而给我们打下了坚实的成长基础。于是，我也学着老辅导员当年的做法，根据自己的休会，从点滴入手，利用走访等课外活动和同学们在一起的机会，给他们讲雷锋叔叔一个节约箱、一个针线包的来历，一双袜子、一个肥皂盒的故事。用这些小朋友感兴趣的事例，启发他们节约要从一点一滴做起。这些同学接受新观念、新事物很快，没几天就积极主动地自己动手做了节约箱、针线包、储蓄箱。这些看似是形式上的作为，却在行动，甚至心理、认识上影响并引导着每一个同学。过去爱吃零食的同学，现在爸爸妈妈给了钱之后，他们再也不去乱花，而是存到他们亲自做好的储蓄箱，积攒起来买书本、交学费；过去讲究穿戴的同学，现在袜子破了自己补、鞋子坏了自己修。班里一个叫梁德修的小同学，以前过年时总催着妈妈买新鞋。1972年刚入冬，他妈妈就给了他买鞋的钱，他当场就把钱还给了妈妈，还说："雷锋叔叔一双袜子穿好几年，我要像雷锋叔叔学习，我的鞋虽然小了，但哥哥的旧鞋修一修还可以穿。"说完，他就把哥哥的旧鞋拿到学校修好，一直穿到了不能修为止。副班长程玉梅同学脚上穿的棉鞋，就是她妈妈穿过3年、姐姐穿了2年、自己修好后又穿了2年的。看到小朋友们的这些变化，我很受鼓舞，同时也在想，仅仅让他们模仿这些行动是不够的，还必须使他们懂得为什么要这样做。于是，我经常在各项活动中帮助他们提高认识。一次，我到学校见一些小同学正在做乒乓球拍，还有的从垃圾堆捡牙膏皮、碎玻璃和废铁，我问他们："同学们，你们为什么要做这些小事呢？"大家抢着回答，有的说为了节省开支，有的说为了培养勤俭节约的好习惯。我说："对了，但还不全面。你们说，雷锋叔叔省吃俭用，把节省下来的钱送给人民公社，这是为什么呢？"同学们思忖了一会儿回答，为了建设社会主义祖国，为了对人类做出较大贡献呗。他们的回答更增添了我做好校外辅导工作的信心，我说："是啊，我们自己动手做球拍、修板凳、补衣服、搞储蓄，不光是为了自己节约，而是为实现共产主义添砖加瓦。"通过循循善诱的引导，同学们的胸怀拓宽了，视野更广阔了，行动也就更自觉了。大家都能把每做一点一滴小事与党和国家、人民的根本利益紧密地联系在一起。树立远大理想，想方设法减轻人民负担，显然孩子们的这个思想境界与以前相比有了很大的提高。

1972 年寒假期间，在小班长陈锡东的带领下，一些同学利用预防火险的废旧防火桶为学校做了打扫卫生用的铁撮子。开始不会做，他们就冒着严寒跑到商店去看现成的样品，然后跑到薄铁店铺里去看师傅们怎样从一开始做成成品的。他们没有工具，就从自家带。有的小朋友手被划破了，贴上胶布揉一揉接着干。为了鼓舞大家的斗志，小班长还在黑板上写了一首诗：

当叮叮，叮叮当，
学习雷锋好榜样。
一把撮子一颗心，
艰苦奋斗永不忘。

他们整整利用一个假期，做了 26 把撮子和 66 个黑板擦，并写上"艰苦奋斗" 4 个字，送给了各个班级。

看到炮兵叔叔擦大炮需要布，大家就利用上学、放学和星期天的时间，从路过的垃圾堆里捡废布头，回来洗干净，一针一线地连在一块儿。就这样，他们做好了 162 块一尺见方的擦炮布，送给了炮兵部队，受到部队首长和战士们的表扬。为了更好地发扬雷锋精神，班里建立了木工组、铁工组、理发组、缝纫组、街道宣传组和拥军优属组，不仅在学校形成了艰苦奋斗的氛围，影响着整个学校的校风建设，还走向社会积极为人民群众做好事。节假日他们时常到路口、街头宣传交通规则，到车站去帮助维持秩序，还去帮助军烈属担水扫院子，到粮店门口去帮助买粮的老人和小孩往家送粮……

群众反映，看到这些孩子，就看到了雷锋精神，照这样下去，他们就放心了。我想，如果人人都去弘扬雷锋精神，社会风尚怎么会不好呢？

如何让学生爱上学习，是所有老师和家长关注的焦点。这也是我当学生和校外辅导员的时候遇到过的共同问题。我辅导的这些学生，大部分是十三四岁，他们天真活泼，聪明好学，模仿能力很强，但也有些小毛病。有的不爱学习，上课不注意听讲，在下面做小动作、看小人书，甚至睡觉，放学不复习功课，上街打球，一玩儿就到天黑，课外作业也不按时完成；还有个别同学随便旷课逃学，考试成绩常常不及格。像班里被大家称为"小淘气"的孙实政同学就是一个典型。为了帮助他，老师不知费了多少口舌，家长不知操了多少心，气得他爸爸把他那些玩具都给没收了，但是没过几天他就重新"装备"上了。他爸爸妈妈说："俺那老疙瘩算是没治了。"这样的情景接连不断。一次，我和老师到学生王永才家走访，他奶奶拉着我的手说："在旧社会，俺家祖孙三代没有一个识字的，这小永才可是俺家的一双眼睛啊，可他却不爱念书。您来了，俺可把他交给你们了！"面对此情此景，我心里非常着急，这是为什么呢？一时也找不出答案。为了弄清原因，我和老师多次走访调查，找同学们谈心。一次劳动休息的时候，我问孙实政："你爱劳动，为什么不爱学习呢？"他说："读那么多书有啥用？混到能参加劳动就行了呗！"从小实政的话中，我找到了问题的根源。我们请了学生家长、老工人赵师傅来班里给同学们讲没有文化的苦恼和坏处。赵师傅说，在旧社会，由于穷人受压迫和剥削，根本念不起书，自己成了"睁眼瞎"，开始当学徒的时候碰到不少困难，连机器的名字也不认识，有时候为了找一个零件，跑了几趟也拿不对。"'读书无用'论，就是要让孩子们跟我一样成为文盲和'睁眼瞎'，你们可要珍惜今天的好时光，听毛主席的话，好好学习，天天向上啊。"接着，我给同学们讲了雷锋叔叔热爱学习的故事。雷锋叔叔从小就渴望读书，但是他和赵师傅一

辅导我一生

样，穷人家的孩子连温饱都解决不了，当然就更不会有读书的机会了。我们七八岁就上学了，可雷锋7岁就成了孤儿，连肚子都填不饱，更不用说上学读书了，那时他整天挣扎在死亡线上呀！直到10岁，家乡解放了，是党把他送到了学校。当他第一次领到新书的时候，激动地抱住老师哭了。他十分珍惜先烈们用生命和鲜血夺来的读书权利。

听了这些之后，同学们个个儿攥起小拳头，愤怒批判"读书无用论"。孙实政同学过去很少发言，这次他再也坐不住了，站起来激动地说："'读书无用论'真害人，今后我一定要像雷锋叔叔那样，好好学习，长大为人民服务。"同学们认清了"读书无用论"的危害性，学习的劲头起来了，上课认真听讲，课后认真复习，按时完成作业，迟到、早退的现象也逐渐减少了。为了巩固同学们的学习热情，我还协助老师经常督促他们学习，抽空和他们一起复习功课。一次，我在住院中，几个小同学到医院看我，我就问他们最近学习怎么样，作业完成了没有？他们说现在学通分比较难懂，有的把1/2+2/3算成了3/5。为了帮助他们弄清通分，我带病给他们讲解，不一会儿胃病又犯了，讲着讲着就吐了起来。看到这个情景，小朋友们怎么也不让我再讲下去了，但我仍然坚持给他们讲，一直帮助他们搞清楚才休息。孩子们看到我这样关心他们的学习，都纷纷表示一定要向雷锋叔叔学习，带着雷锋叔叔的钉子精神去学好文化课，不辜负我对他们的期望。

由于老师和同学们的努力，大家学习的劲头越来越足了。过去一些不爱学习的同学现在都比较用功了。特别是孙实政同学变化最大，期末考试的时候，他每门课都超过了90分。

李晓红同学本来学习很优秀，因为患了肝炎休学1年，再回来继续跟班学习感到很吃力，有畏难情绪。于是，我找她谈心，鼓励她要树立信心，只要肯下功夫，一定会渡过难关的，特别是雷锋叔叔刻苦学习的事迹教育和感染了她。从此，李晓红振作起来，奋起直追，学习成绩很快赶了上来。她后来不仅考上研究生，还成了吉林大学的教授，退休后还被返聘留校任教。

副班长程玉梅同学是学校乒乓球运动员，经常代表县区参加各种比赛，她发扬雷锋的"钉子"精神，在训练和比赛的间隙，利用分分秒秒的时间抓紧学习，在离开课堂两个多月的集训和比赛期间，不仅拿到了辽宁省少年乒乓球赛女子组冠军，而且回学校考试科科获得百分的好成绩。在这些同学的带动下，全班同学都能认真学习。那时下乡学农，他们也没有忘记抓紧点滴时间进行学习，用知识武装自己。1977年恢复高考，这个班共有6名同学考上本科院校，考入大中专院校的人数更是全校同届各班中最多的。

我和班主任老师不仅注重孩子们的学习，还注重结合孩子们的实际情况，有针对性地组织一些活动，比如，为加强孩子们的体能训练，我配合学校积极开展军训。那时，每天早晨全班在学校操场集合列队，然后向离学校八九里地远的响水寺跑。途中，他们必经我所在的部队门前。为了给孩子们加油鼓劲，我每天争取早到部队，在大门外等候，为孩子们鼓掌加油！孩子们说，每次跑得再累，特别是往回跑的时候，一看到辅导员，浑身就充满了力量。当我看到朝阳下孩子们那一张张可爱的笑脸、一个个燕子般飞去的身影，我这一天也浑身充满了无尽的力量。

通过这样的长时间坚持，同学们的身体素质明显增强，班级组织性、纪律性、凝聚力也大大增强了。在学校举办的各项赛事中，我们班的成绩一直名列前茅，班级长跑队和学校长跑队，在参加从南关岭到金州的接力比赛时，我们班的五年级学生跑过了其他学校的七年级学生，得到了学校领导和体育老师的一致好评。当时表现突出的金成林同学，后来考上了沈阳体育学院，董长成同学被海军北海舰队棒球队选中。

火车跑得快，全靠车头带。雷锋，就是他们的车头，"向雷锋叔叔学习"已成为班里人人向前、向上、向善、团结奋进的自觉行为。看到我经常用自己的津贴帮助有困难的同学，同学们也加入进来，互帮互助的风气在这个班越来越浓，特别是班委们更是积极带头。时光荏苒，几十载风雨兼程。如今，我们辅导过的学生们也都到了儿孙绕膝之年，他们又开始向自己的儿孙们传递着雷锋精神，正如姜华同学所讲：我们如今也当了爷爷奶奶，我不但忘不了雷锋精神对我的教育和影响，我还要继续给儿孙们讲雷锋的故事，让他们也像爷爷奶奶一样知雷锋、学雷锋、做雷锋。

我和小孙子招招

50多年过去了，雷锋精神在他们身上还在延续。班长陈锡东如今也是60多岁的人了，对有困难的同学仍然关心备至。当他获悉独自生活的瑞亮同学生病的消息后，陈锡东立即到他家去看望，打电话约上几名同学，一齐把他送到医院，住院期间大家轮流照顾，使患病的同学深深地感受到雷锋精神的温暖。

从被辅导到辅导，这是一个质的转化过程。转化前，我更多的是吸收、接纳；转化后，我更多的是感知、思考。转化前，我的疑惑请雷锋叔叔解答；转化后，同学们的疑惑要我解答。而解答，是一种升华，是一种觉知中体会到的动力，把这种动力源再通过自己传导给辅导对象，这个传导过程，就是领受对象质的变化过程。也就是说，辅导是两个以上个体的心灵转换，在不断的双向互动交流中，相互理解，相互释疑解惑，相互升华……于是，辅导，变成了媒介；校外辅导员，变成了雷锋精神的"播种机"。

从一个人学雷锋到和大家一起分享学雷锋

　　因为我的辅导被大家认可，在金县和整个大连逐步产生了一些影响。大连市很重视学雷锋活动，市、区、县团委，大连市总工会、妇联和一些大学（如原大连外国语学院、原大连理工学院等），还有不少中小学，只要组织学雷锋的活动，大都会邀请我参加。我去后，都会重点讲述雷锋的事迹，然后结合自己的实际和大家一起做些分享。

　　1986年年底，我回到抚顺并在地方工作以后，这种分享增多了一些，因为这样做让大家有了看得见、摸得着的具体事情和感受，效果更直接、更有效。1991年"七一"党的生日时，抚顺市召开表彰优秀党员大会。领导让我代表优秀党员讲话，我汇报了这么多年来自己学习雷锋的一些体会和感受。那次会议，我的发言让大家很受触动。当时机关干部都参加了，会后他们跟我讲："你在上面讲，下面不少人都被感动得哭了。"

　　大家就建议我，这些年一直都在坚持学雷锋，不能光讲雷锋事迹啊，雷锋事迹大家都比较了解了，还要讲自己是怎样学雷锋的，这对现在的人不也是个启示吗？我本来想自己默默地做好事、做实事就可以了，如果能因为我把自己学习雷锋的情况讲了以后，或许能帮助大家理解真正的雷锋精神，那我就值得去做。

　　真正的雷锋精神，不是仅仅停留在口头诉说的阶段，而是要实践的。我的实践，大家觉得就是一个具体的案例，看得见，摸得着，因而更真实可信。

学习雷锋精神，不仅心中要充盈雷锋精神，还得有千千万万个雷锋式的人和行动跟上去。这就如同有了"1"，如果没有更多的"0"，其价值还是有限的。

"心动"于雷锋精神 + 雷锋"行动" = 文明。

独臂撑不起天

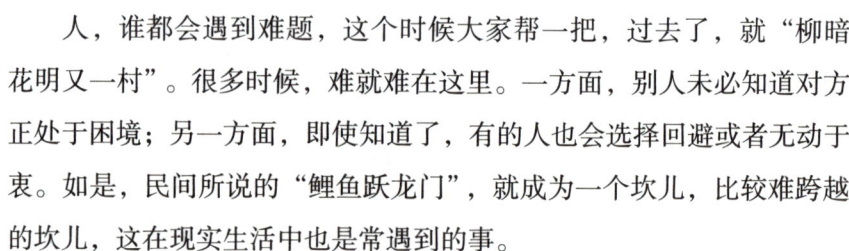

人，谁都会遇到难题，这个时候大家帮一把，过去了，就"柳暗花明又一村"。很多时候，难就难在这里。一方面，别人未必知道对方正处于困境；另一方面，即使知道了，有的人也会选择回避或者无动于衷。如是，民间所说的"鲤鱼跃龙门"，就成为一个坎儿，比较难跨越的坎儿，这在现实生活中也是常遇到的事。

1975 年的一天，同学来信说，我初中班主任老师的爱人得了癌症。我知道，老师的工资不算多，这个关口肯定很难过，于是我把一个月工资 50 块钱（当时每月 52 元）给他寄了过去。老师收到后给我退回来，说："你这也太多了，一个月的工资都给我了，我真接受不了。你有这个心，我就很欣慰了。"我又给他寄了过去，说："老师，您收了吧，也算是我对老师当年教诲的一个回报。"当时我的老师很感动。过后，老师逢人便说，我是一个懂得感恩的人。

雷锋之所以能够在别人困难时出手相助，是因为他深深体会到了其中的滋味。如果不是他的家乡获得解放，雷锋哪里能分到房屋和田地，又哪里能够免费上学，在党和政府的关怀下健康成长呢？

"良言一句三冬暖"，助人一臂之力，就可能帮别人跨越泥泞和沼泽地，这种言行，是雷锋切身感受之后的自觉。所以，看到别人的难处，在力所能及的情况下，他常常施以援手，也就是情理之中的事了。

那时候，我们部队干部中，也有的因为工作忙，顾不上帮孩子购买学习用品，我常常主动帮他们购置。听说团县委准备建一个少年宫，号召全县捐款，我又拿出了一个月的工资。我做这些，如果没有爱人老吕的理解和支持，如果没有爸爸妈妈的理解和支持，不仅不可想象，也是难以做到和坚持下去的。

那时候，我一个月的工资，没生孩子的时候还够用。1977年3月孩子满月后，因为我爱人要上军医学校学习，我自己带实在有困难，只好把刚满月的孩子送回抚顺，让还在上班的我父母帮助照看。所以，我每个月工资，除了留点吃饭钱，大多给了家里，手里基本就没有什么钱了。省吃俭用积攒下来的一点钱，孩子们需要啥我就尽己所能去帮助。我们那个年代很艰苦，工资低，吃的用的各方面也都很节俭，我就在这种情况下，尽自己所能，力所能及地去做。

大家都不容易，只有一起想办法，才能共同渡过难关。

有时候，帮助是搭把手，助人爬坡过坎跃过去；

有时候，帮助是一句话，助人点亮心中那盏灯，走出困境，走向光明。

帮助一个人，成全一个家

一个农村贫困人家的孩子，由人帮助介绍，刚到抚顺某单位当工人，就在试用期间，因为做错事被关进监狱判了11年的劳改。当他从报纸上得知我是雷锋辅导过的学生，就在1989年年末的一天，给我写了一封信（当时我正担任刚成立不久的抚顺市烟草市场治安派出所的所长）。信中说："我们都是雷锋第二故乡的人，你是学雷锋的模范，我却成了罪人，因此希望能得到你的帮助……"

接到信的第三天即12月18日，恰巧是雷锋的生日，我就带着另外两名干警去监狱看他，并带给他几本有关雷锋的书。他没有想到我会这么快来看他，感动得热泪盈眶，当即表示一定要安下心来接受改造。回来后，我又动员全所同志分别写信鼓励他，这对他触动很大。次年中秋节，我用自己的钱买了12份月饼和水果，去监狱看望他及当时抚顺在押的其他11名青年，监狱领导也很感动，专门为我们组织了一个别开生面的座谈会。

这些年轻人纷纷表达了自己的决心，要向雷锋学习，努力改造自己，争取早日回归社会当个好公民，积极报效祖国。后来，听说抚顺成立了学雷锋基金会，这12名抚顺籍青年自动组织捐款100元。这些钱，对于有工资收入的人也不算少，而对于没有稳定收入的他们来说，更是十分难得，由此看出他们的变化有多大！

这个青年在狱中改造的过程中，我和所里同志一直和他保持着书信往来，几乎每个月我们都有通信。一次，他在回信中说："在你的关心帮助下，在所里同志的热情鼓励下，我现在一扫过去那种悲观，深感你的辅助之分量。我要痛改前非，重新做人。我不善言谈，却善笔墨，表述我之心。但文字有限，人该有其本心……"

由于在狱里表现得好，进步非常大，他先后两次被减刑，1991年10月获释出狱。那天，我开车去沈阳接他，当他走进派出所，见到早已等着迎接他的全所同志，感动得热泪盈眶。在所里，我们举行了热烈的欢迎会，让他感受到了家庭般的温暖。

一提到家，他伤心得又落了泪。原来，他入狱后不久，父亲去世，母亲改嫁。没了亲人怎么办？我也急呀！总不能让他流落街头。要知道，家对一个人该有多么的重要，可是人自由了，家没了，那该是一种什么心情？我的心一下子揪了起来，怎么办？这真是凉手抓热馒

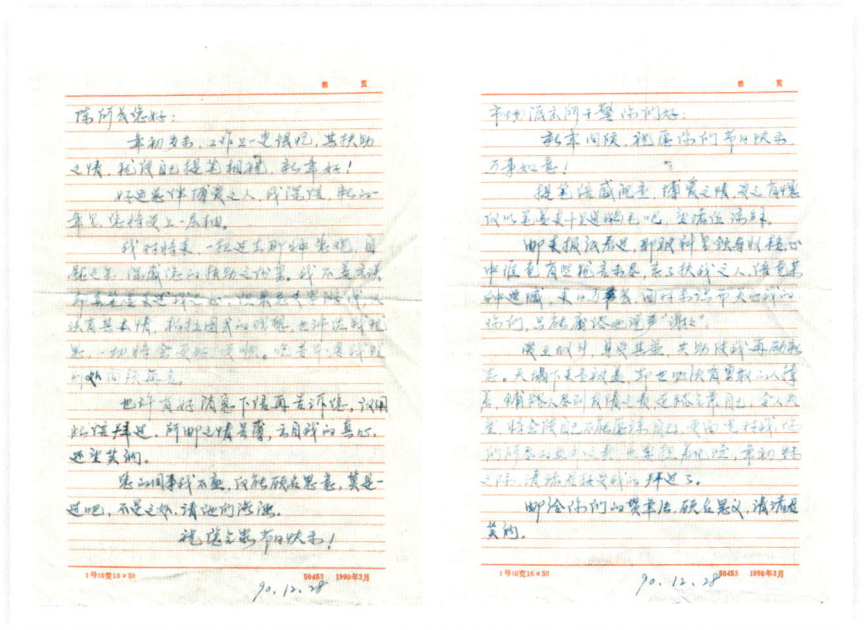

这位青年写给我和派出所的信

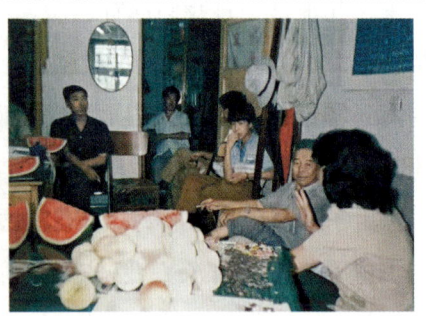

在派出所召开的欢迎会

头 —— 拿得起放不下，感觉这心火一下子冲到脑门上。

当时，我和老伴刚转业回地方，工资下降不少，住房条件也很差，老伴单位分给的房子又不足 50 平方米，还是一个葫芦式的小套间，而且家里还有一个上中学的儿子。我们这样的经济条件和住房条件，再解决一个大小伙子吃住，实在太难了，可又不能撒手不管，让他再流落街头啊！不管怎么样，先想办法把住的问题解决了。于是，我与一个比较可靠守法的个体经营户协商，让这个青年暂住在他的小卖店大棚屋里，帮他晚上打更，这样，既解决了住的问题，又得到点零花钱，他可以生存下来了。

虽然住的问题暂时解决，可户口落到哪里呢？这可是个更大的问题。再回农村，这孩子无家可归，以后的生活怎么办？帮人就要帮到底。我回到家里和老伴商量，可否先把孩子的户口落到我们家。老伴也是很有同情心的人，同意了我的想法。我找到了公安局有关部门领导，说明情况后，得到了他们的理解和支持，这才终于把他的户口落了下来。

这事还曾引来一场小风波，不知情的人开始议论纷纷，说陈雅娟还是雷锋辅导的学生呢，却利用自己的职权把在农村的亲戚户口落到自己家里 …… 我们派出所的一个同志听到后，做了一番解释，才知道我是在做一件帮人解难的大好事。经过这个小风波，我反倒赢得了更多人的理解和尊重。

我想，这孩子还年轻，总不能让他一直给人打更、看房子谋生啊！我找到他入狱前正在试用期时那个单位的领导，看看是否能让他回去继续工作。那个领导说，这可没有先例，单位有好几个这样的人，从来没有给安排过。于是，他回去工作的请求被拒绝了。当时，正赶上不少企事业单位的职工"下岗"，安排工作太难了，何况他已经30好几，更是不好安排。

我突然想起来，他在监狱因表示对我的感谢之情，曾经给时任市委书记写过信。为了核实这件事，书记曾派办公厅杨士富处长找到我。对了，找杨处长试试，请他帮忙给解决工作问题！还算这孩子有福，这件事市领导也很关心，经过多方协调努力，最后按新招工人给他安排了工作，他从此正式走上了工作岗位。单位领导也很理解和支持，很快给解决了宿舍问题。我总算松了口气。

这孩子很争气，工作很努力。一天，他找到我，说谈了一个女朋友，还是个大学生。我听了非常高兴，问他是否告诉人家他的经历？他说没有，想告诉她，又担心黄了，所以想带她和我见个面，让我和人家说。我对他说："这事必须你自己主动和她说明白，这样显示出来的是你的诚意。毕竟人家是个大学生，找你一个工人，还是这种情况，人家有想法也是正常的。但是，不管她是什么想法，这事成不成，你一定要告诉她，说有个姐姐想见她，想办法让她来见我一面。"

他说了实话，人家真就不想继续处下去了。他按我嘱咐的话对姑娘说了，并介绍了我的身份，姑娘同意来见我。于是，我就把监狱政委向我介绍的这孩子的情况及我看到的档案记录等真实情况告诉了姑娘。

他十七八岁时刚进某公司工作，在试用期间，三个小伙伴偷了一辆自行车出去玩，玩后就给扔掉了。过了一段时间，其中有一个孩子抢了10元钱后，又请他和另外一个男孩一起下饭馆吃饭。因抢钱这事被受害人报了案，派出所有记录存档，所以 1983 年"严打"时，按团伙犯罪立案，把他们一起送进了监狱。

我把这事跟姑娘如实一讲，她说，这也不是什么劣迹，可以接受继续处对象。但是，她爸妈知道后又不干了，心想自家这么好的一个姑娘，找那么一个人，不能接受。听说姑娘压力很大，当时正赶上快过年了，我和老伴一起去拜访女方父母。见到我们，她的父母非常热情，她妈妈说："我们小的时候就知道你，你是学雷锋的好学生……"

我们双方聊得很轻松，他们先谈了自己的想法。都是为了孩子，我们很理解！于是，我们把自己与这孩子相识及了解的一切情况如实做了介绍，也把我们的情况向她父母做了简单的介绍。我对她父母说："你们权当把这孩子看成是我们的孩子吧。"女孩母亲也是个非常通情达理又爽快的人，当时就表态说："我们相信你！就冲你，这门婚事我们同意了。"

两个孩子都老大不小了，该考虑结婚的事了。可这又是个难题，结婚后他们住哪里？

我有个朋友叫李琳，搞房地产开发，刚建好一批房子，正在热卖中。听说我遇到了难处，她主动说："陈姐，你学雷锋为他人做好事，今天我也用实际行动做一次'雷锋'。"她答应借给我一个月当婚房，第二天便把搬进去就能住的一室一厅的房子钥匙交给了我，让我十分感动！

1962 年 2 月 12 日，雷锋在日记中写道："我觉得一个共产党员是人民的勤务员，应当把别人的困难当成自己的困难，把同志的愉快看成是自己的幸福。"这句话说得真好！说到我的心坎里了。

结婚时，我们那地方时兴婆家接盆，里面有鱼有肉。孩子找到我说，开始给我写信时也不知道我的年龄，一直叫姐，现在开始改口叫姨吧，结婚那天让我接娘家的盆。我说："叫什么不重要，只要你们过得好我就放心了，咱们也不要那个形式，婚事新办，接盆免了，大家都省事。”

婚礼也是我家一手操办的。结婚这天来了不少朋友，我们派出所的同志也都过来捧场，7桌酒席在当时不多也不少。关键是婚礼顺利，新人新事新风尚，欢欢喜喜聚一堂。

婚后，他俩的小日子过得很好。不久，我又帮他们解决了住房问题，有了自己的家。他们又添了一个女儿，孩子的名也是让我给起的，他们把孩子培养得很优秀，后来上了大学又考上了研究生，现在已经参加了工作。

后来，他们把旧的房子卖了，住进新房。搬新家时，把我们请过去，看到他们一家越来越幸福，我们也很欣慰。我们相处得很好，逢年过节小两口都来看我们，我们家有什么大事小情的，他也总是跑前跑后帮着忙乎。这样来来往往，彼此亲如一家。

有人问我："你这么卖力气地帮助他们图个啥？"我什么也不图，能帮一个人成全一个家，社会上多一个幸福家庭，多一个为社会尽自己所能做贡献的人，我就足矣！

我有了一个女儿

那是 2000 年 8 月的一天，我看到《抚顺日报》上刊登了一则由抚顺团市委和抚顺市教委联合发出的帮助 100 个孩子的消息。这 100 个孩子中有农村的、城市的，有小学、初中、高中的。当时一种责任感油然而生，我心中升起了帮助一个孩子的想法。我知道，这不仅要付出精力，还要付出财力，而且既然帮就要帮到底。当时我的月工资才 1000多元，加上我爱人的工资也不超过 3000 元，好在儿子已经大学毕业，刚参加工作。我感觉还有能力帮一个。

于是，我把报纸拿回家，先征求爱人的意见。我说："如果这孩子争气、学习好，以后上大学、读研究生都得帮，这需要一笔尚是未知数的费用。"我爱人说："能帮一个困难家庭的孩子渡过难关也是件好事，咱们虽然也不富裕，但如果平时少吃一些、少穿一些，节省点过日子，帮一个孩子还是可以的。"老伴没意见了，可考虑到儿子以后还需要成家买房、安家立业，所以，我又给在北京刚参加工作的儿子打电话，征求他的意见。儿子听说后立刻表态："妈妈，我没意见，如果以后你们帮助有困难时，我继续帮！"

得到老伴和儿子的大力支持，我非常高兴！看到 100 个孩子中有一个刚好是在我母校雷锋中学读初中一年级的女孩子，报上介绍说，这个孩子的父母有残疾，家庭月收入 400 元。好，就帮她了！

第二天，我到学校了解了一下这孩子在学校的情况，并见了面。孩子各方面表现都不错，已经是团员，还是学生干部。我对帮助这孩子更有信心了。从2000年初中一年级开始直到大学毕业，这期间除了每年的学杂费外，逢年过节我们还给孩子买点吃的、用的，以尽量减轻她家里的负担。孩子非常懂事，特别让我看好的一点是，她爸爸妈妈虽然身有残疾，但这孩子一点也不嫌弃，每次看到她和父亲一起走在街上的时候，她总是搀扶着爸爸一起走。其实对于一个女孩子来说，往往虚荣心比较强，能做到这一点确实不容易，她能做到，起码说明这孩子是一个有爱心、心地善良的好孩子，这更拉近了我们之间的感情距离。我喜欢上了这个孩子，特别是儿子不在身边，感觉她就是我的孩子。那时她才十三四岁，毕竟还是个孩子，我尽量多给她点爱，让她和其他孩子一样快乐成长，有时主动想着给她买吃的、穿的、用的，花多少钱心里也愿意。比如每年过春节给点压岁钱，这是每个孩子都能享受到的，特别是现在独生子女多，再困难的家庭我想或多或少也会给的。我考虑到了孩子的自尊心，从来没有问过她，但我每年都想着这事，我要让她分享到和其他孩子一样的快乐！她的妈妈爸爸也是非常明事理的人，这些年我们之间相处得很好，越走越亲。孩子学习一直都非常努力，初中毕业考上了重点高中，假期时我和朋友一起去大连玩也把她带上了。她感受到了我对她的爱，就在这次出去玩的期间，大家闲聊的时候也不知是谁说了一句"遇到了陈姨是你的福气"，我说我要是有这样一个女儿也是福气呀！这孩子马上握上我的手说："你就是我的妈妈。"说着她又

我与干女儿在母校

贴上我的脸亲了一下，顿时我感受到了有个"小棉袄"的温暖。当时在场的人都拍手叫好，为我们祝福。从那以后，不管在什么场合下，姑娘一直喊我们爸爸妈妈，从来没叫过干妈，这让我很欣慰。

2006 年，她考上了辽宁师范大学。这期间还有一个小插曲。她本来报考的第一志愿是财会专业，属于理科，又是非师范专业，第二志愿我让她报的是历史专业。可报完后又有点后悔了，她找我想把历史系改为第一志愿。明知不行，为了孩子我还是厚着脸皮找到了当年教过我的一个教授，教授当时就告诉我："理科改文科，又是非师范专业改到师范专业，这事想都别想。我在这学校教书这么多年还没听说过。"考其他学校的孩子陆续接到了录取通知书，可她一直没等到信息，我担心直接告诉孩子不行，对她打击太大，就对她说："咱找的人说帮问问，但可能性不太大。"为了安慰她，我顺嘴说了一句："姑娘，不着急，好事多磨，没准还能发生奇迹呢！"

看到同班不少同学又陆续拿到入学通知书，孩子更着急了，我也一样天天盼着听好消息啊！就在焦急等待时，突然接到她的电话，电话中她兴奋地说："妈，告诉你一个好消息，你的话真验证了，奇迹真的发生了！我被历史系录取了！"太好了！这真是天上掉下来的好事！姑娘终于如愿以偿了！我估计这次历史系没招够学生，而她第二志愿报的历史系，历史科考的分数比较高，所以学校从别的系进行调剂，这样就把她给调过来了。事后，姑娘很美地对我说："妈妈，我这一路走来这么顺，都是因为遇到了你。我是 1986 年出生的，你是 1987 年转业回来的，就是为我回来的！"这孩子越来越会说话，说得我心里热乎乎的！其实帮了她，她幸福了，我分享了她的快乐，同样也是我的幸福啊！

孩子上大学时，我让外甥开车亲自送她。到历史系报到时，见到的系主任正是当年教我们的杨英杰老师。太好了！我把孩子的情况一说，当时他就给了一个一天一块钱的饭卡，然后跟我说可以办理贷款交学费。贷款的话我自然是省事了，但会给孩子增加压力，会让孩子因此不安，担心毕业后干妈会不会不管了……不能让孩子有任何思想负担。我说不要贷款，每学期该交钱的时候，我会给孩子及时打到卡里来。姑娘很努力，大学读书时入了党，又是学生干部，每年都能得到奖学金。

一晃大学快毕业了，她想报考东北师范大学的研究生，我没意见，因为我早有承诺，只要她肯读书，考到博士我也供她。结果，她考上了东北师范大学的研究生。后来赶上某区一个高中要历史系的老师，但必须参加考试，姑娘把这消息告诉了我，我的态度仍然是尊重孩子的意见，只要她愿意的事我都支持！这孩子学习好，考得挺好，真给录取了。上班以后，她才告诉我，原来报考的东北师范大学研究生也录取了。面对两个选择，她母亲跟她说："闺女，你已经给你干妈添了不少麻烦，干妈为你已经搭进去很多了，你能工作就早点工作，给你干妈减轻点负担，她也不容易。"孩子非常懂事，她真就放弃了上研究生的机会。事后她才告诉我，我听了既替孩子感到遗憾，又为有这样善解人意、处处为他人着想的一家人而感动！

她是一个非常要强的孩子，参加工作后，第一年就参加省公开课竞赛，得了一等奖，旗开得胜！后来因解决两地生活，工作有了调动，来到新的学校，仍然是当地重点高中。疫情防控期间在省教委组织的公开课上，她又代表大连市参赛，获得了第一名。这次她巧遇高中时的班主任，当老师看到自己的学生取得这么好的成绩，这脸上该多有光，该多么令人羡慕啊！工作几年下来，她因为教学好、政治素质好，被评为区、学校优秀党员。孩子结婚的时候，尽管她家里经济条件有限，但是她父母省吃俭用，从来也不亏待孩子。她也是我的孩子，所以她结婚时我告诉她："你哥结婚时我给他2万元，你结婚我给你的和你哥一样，也是2万元，待遇一样！"孩子欣然接受了。后来他们靠自己的努力又调了一次住房，听说后，我再次给她发红包，她说："妈妈，我再也不会要您的钱了，你们为我已经付出太多了，该我孝敬您了。"就这样，逢年过节，特别是春节、母亲节、父亲节和我的生日，她都主动给我们打电话问候，又发红包、买礼物。有时听说我身体不太舒服了，总会打电话、发微信，问吃药了吗、好点了吗；天气变冷变热了，也总要提示我们要注意照顾好自己，让我心里热乎乎的。她自从工作以来，几乎每年春节都要买一些新鲜的海产品，比如，海参、鲍鱼、大虾等寄给我们，一到樱桃下来的时候也总想着给我们买两箱寄过来。

平时，孩子有什么事也愿意和我说，征求我的意见。从考学到工作，或者生活中遇到了什么喜事或不高兴的事，有时也憋不住要和我诉说一下，总之我们之间无话不说。其实，除去没生过她，她经历过的这些重大事情，我都亲自参与了，所以孩子的这些言行都是她发自内心的真诚。

自从她成了家、有了房子，就把自己多病的父母接到身边，姑爷也是个孝顺孩子，很懂事，他们相处得非常好。

人老了能在儿女身边过上幸福的晚年，这也是老人最大的福气。她妈妈每次见到我都要说："大姐，我们这个家因为有了你的帮助才有我们的今天，你可是我们的大恩人啊！"我说："再帮，孩子不努力也不会有好结果的，你们都好了，我同样分享到了你们的快乐和幸福，不是吗？"

我有一个好儿子，又多了一个好女儿，值了！

回报，是付出的收获。

不是所有的付出都要有收获，儿女长大自立家门，"倚杖听江声"，也是一种幸福；

风来了，雨来了，小草发芽，庄稼出苗，春耕秋收，可是，风得到什么回报，雨得到什么回报？

风还是风，雨还是雨，我们心中多了的，是那个千百年来讲的"天人合一"。

列车上的巧遇

1961年4月23日，雷锋在日记中这样写道：

> 和旅客打交道，真好极了，原先不认识的，也认识了，亲热得像一家人一样，真是有啥说啥。
>
> 旅客们有事都找我，但我并不感到麻烦，反而觉得荣幸。
>
> ……

老辅导员写的这种感受，我也体验了一回。

亚辉，她是铁路系统的劳模。特别巧，在1991年，我应邀去北京参加中央党校举办的研讨会就是乘坐她的这趟列车。上了车，每个车厢要选一个安全员。列车长看到我穿着警服，就和我说："警察同志，委托你做这个车厢的安全员，可以吗？"我说："可以呀，不就是为大家服务嘛！"她说："太好了！感谢您的支持！"

于是，作为临时安全员的我，开始和本车厢列车员一起给大家倒水，打扫车厢内卫生。我俩忙了一阵儿后，休息闲聊中，她问起我在哪儿工作，叫什么名字。我回答后，她惊讶地问："您是不是雷锋辅导的那个学生？"我笑了。

"哎呀，今天我收获太大了！"

这时，随本次列车采访的记者闻讯赶来，取出相机，说："来，赶紧给你俩照个相，一对劳模，一对姐妹，一对榜样。"当时那趟列车上，

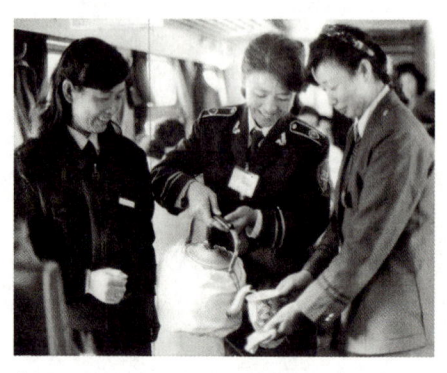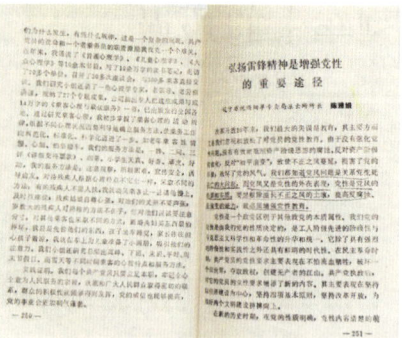

左图：列车上巧遇铁路系统劳模赵亚辉（右一）

右图：在中央党校参加研讨会时提交并发表论文《弘扬雷锋精神是增强党性的重要途径》

有人看到后，也都觉得特别高兴。难得这么一个机会，我俩一起为旅客服务，端茶倒水，打扫卫生，答疑解难。记者就把这一过程给拍了下来。

人生有时就这么巧，巧得让你出乎意料。

学雷锋，其实没有时间、地点等的事先设定，任何时候、任何地点，只要能帮助到别人的，就是我们学雷锋的时间和地点。因此，即使我退到二线、退休以后，仍然不会停下学雷锋的脚步，想必大家也就能够理解了。有的朋友好心地和我说："这么大年纪了，该歇歇脚了。"我只有报之以善意的微笑。

路，还在脚下。

学雷锋，只有进行时，没有完成时。

雷锋精神永恒

1998年2月，"雷锋精神永恒展"在北京中国革命历史博物馆举行。

我和雷锋战友乔安山、雷锋班第十九任班长李有宝等人应邀来到展览现场，当上了临时的解说员。我们胸前都佩戴统一印制的介绍各自身份的名片，分别站在各自和雷锋合影的照片下，介绍我们亲眼见过的雷锋和照片背后的故事。这成了永恒展的一道风景线。

那段日子，从全国各地赶来参观的人络绎不绝，每天早晨四五点钟就有很多人排队等候。当时，这个展览轰动了北京城。外地来的人听说有这个展览，有的推后探亲访友的安排，有的延迟了赶火车的时间，有的放弃了休息，纷纷前来参观。有的因来晚了没赶上当天的参观，第二天起大早排队参观。

在参观展览期间，很多人为了表达对雷锋的敬仰，纷纷让我签名并合影留念。有一天是星期一，一些中央和国家部委办主要领导，还有解放军各兵种及各总部领导也来参观。特别让我感动的是，时任中宣部常务副部长拿着一个笔记本找到我，对我说，星期天上初中的女儿来参观，想让我签字，因为人太多没签上，今天特别交代让他找我给她签字，还特意告诉我多给写上几句，鼓励孩子好好学雷锋。

更让我们感动和备受教育的是，第二天这位领导又把我和乔安山、李有宝请到了中宣部，参加他们的民主生活会，让我们汇报学雷锋体会，并对我们学雷锋给予肯定和鼓励！可以说，这是我一生中参加的最

上图：从左到右依次为李有宝，戴明章，乔安山，我

出席"雷锋精神永恒展"

《实话实说》节目现场，左起：乔安山，高士祥，我，张士霞，张峻

左起：张峻，齐九鹏，张士霞，高士祥

高级别的党的民主生活会，它不仅说明中央和国家机关对学习雷锋高度重视，而且也是对自身政治自觉和带头学雷锋的现身说法。

在我参加"雷锋精神永恒展"期间，中央电视台《实话实说》栏目组要做一期学雷锋节目，栏目组编导和主持人来到展览现场，邀请我和雷锋战友乔安山、雷锋班第十九任班长李有宝参加《实话实说》现场采访，并且让我再帮助推荐与雷锋关系比较密切的几个人一起参加这个节目。

当时我想，这下机会可来了。因为张士霞大娘曾经多次和我说过，她一直想到北京瞻仰毛主席遗容，这也算是她替雷锋圆了想见毛主席的梦。经我的推荐、联系和落实，节目组研究后，决定除了邀请张大娘，还邀请张峻（原沈阳军区政治部宣传部新闻科摄影干事）、高士祥（原雷锋生前所在连指导员）也参加这期节目。陪同张大娘来北京的《抚顺日报》记者齐九鹏，在1998年3月21日该报的"特刊·集萃"栏目中，用醒目的标题《情同母女俩 好个忘年交》，对此做了报道，其中有这么一句话："是雷锋为她们系上了宛如母女般的情结。"

九鹏的文中记录了《实话实说》主持人在节目后说的话："想不到92岁的老人，身体这样棒，记忆力这样好，是《实话实说》节目开播以来请到的年龄最大的嘉宾。"

节目录完后，齐九鹏和张峻、高士祥等人一起陪同张大娘去毛主席纪念堂，正赶上闭馆，就陪她登天安门城楼。望着城楼上挂着的毛主席像，张大娘说："终于见到了毛主席，雷锋啊，你的梦，我替你圆了……"下了城楼，张大娘走近一位天安门前站岗的警卫战士，谆谆嘱咐他要向雷锋学习，好好守卫天安门。然后，她参观了在中国革命历史博物馆举办的"雷锋精神永恒展"，老人家抚摸着雷锋的塑像，说："咱们这回可都到北京了！"

学习中宣传，宣传中学习

在雷锋墓前给小学生讲雷锋的故事

从学生时代我就开始宣传雷锋事迹，几十年来为宣传雷锋，我几乎踏遍了祖国大江南北：从农村到城市，从海南岛到黑龙江五大连池，从内蒙古二连浩特到福建厦门，从新疆乌鲁木齐到广州，从甘肃兰州到山东济南，从四川成都到吉林长春，从上海到北京，从天津到江西井冈山，从湖南长沙到河南郑州及安徽蚌埠，都留下了我的足迹。我所到之处的宣传范围从中央党校到大专院校，从中小学到幼儿园，从机关部队到工厂企事业单位，从监狱、少年劳教所到街道社区。我做报告近2000场，听众近百万人，报告内容主要是宣传雷锋事迹，传播雷锋精神，交流学习体会，在宣传中学习，在学习中宣传，而自己也不断地从中净化灵魂，提升自己。

这么多年在宣传、学雷锋实践中，从雷锋和广大听众身上，我越来越感到：精神的高度，就是人生的高度；精神的开阔，就是人生的开阔。实践的大课堂永远有取之不尽、用之不完的宝贵经验。

这些年，风里来雨里去，随着年龄增长，我的身体也大不如从前，

1962年11月22日《抚顺日报》登载了我的《记住雷锋叔叔的话》一文

有时也是硬撑着参加一些活动。曾经有人问我，你一天到晚不辞辛苦到处奔波，究竟图什么？我告诉他们，一不图名，二不图利，只因自己是雷锋的学生，尽一份责任和担当；把雷锋精神的种子，播撒到祖国大地，生根发芽，开花结果，为创造一个充满阳光的美丽的春天，为中华民族伟大复兴而尽一份微薄之力！

因雷锋，我的名字随之走进了千家万户，并得到了不少人的尊重、关爱和支持，同时也获得了不少的荣誉。面对鲜花和掌声，我很清楚，这一切都源于我是雷锋的学生！人们热爱雷锋、敬佩雷锋、学习雷锋，很自然地在某种意义上就把我视为雷锋的传人，想通过我知悉、感受真实的雷锋，自然而然地，传播雷锋精神就内化为我天然的使命和责任。所以这些年来，不论是学生时代，还是到部队，以及转业回到地方，总之，不论走到哪里、听众人多人少，哪怕就是只有一个人想听，我都愿意给他讲。有时候，赶上身体不舒服，在考虑要不要去的时候，一想到我的这一责任，自己就会设法克服重重困难，坚持做到有请必到，同时尽量保持良好的精神状态，以饱满的热忱参与每次活动。

这一路走来，太多的东西，太多的场面，太多的感动，让人难以忘怀……

1990 年 7 月，国家烟草专卖局组织了一个烟草系统弘扬雷锋精神英模报告团。报告团由 6 个人组成，带队领导是国家烟草专卖局政工司的曹新茂处长。历时近一个月的时间，我们巡回报告走了 6 个省、3 个直辖市、5 个中心城市。一路汇报一路学习，所到之处都给我们留下了深刻印象。

烟草行业做报告剪影

特别让我感动的是在济南的报告。来到山东济南卷烟厂，我们还没有走进礼堂就响起了热烈的掌声，当走上主席台入座之后，掌声还在热烈地持续着，我们被工人师傅这种浓浓的情谊深深地感动了。我看到，这容纳几千人的大礼堂已座无虚席，过道上也坐满了人，就连主席台的左右两侧也都坐满了人。这样大的场面是我从来没有见过的。

那天非常热，喘气都有点费劲，而人竟然这么多，感动得我流泪了。工人师傅们那种淳朴、向上、向善、爱雷锋、学雷锋的热情，确实让我深受教育和鼓舞。我感觉，不是我们在做报告，而是师傅们在给我们做报告，这是一次无声胜有声的心灵互动！

在我们近两个小时的报告中，无论是台下还是台上的工人师傅，都专心听讲，没有人走动，也没有人交头接耳，会场的安静反映出来的是他们心灵的纯净。

非淡泊无以明志，非宁静无以致远。几千年来，中华民族不奢求、不贪婪，才使得华夏文化从齐鲁大地一路开拔，传播到大江南北，传播到世界各地。雷锋精神，就是这种文化在当代的一个剪影、一种展现。

真正的震撼

　　几十年来，我到学校做的报告最多，虽然每次都让我有新的收获和感动，可在一个私立学校做报告带给我的震撼，却是怎么也忘不掉的。

　　2012年2月底，我和知名摄影家张峻、雷锋战友乔安山、雷锋班第二十一任班长李桂臣、全国著名德育教育家王芳老师等人，应邀来到青岛超银学校，参加纪念毛主席为雷锋题词49周年举行的"追寻雷锋足迹"主题大会，就在这次活动中，我荣幸地被学校聘为校外辅导员。

　　这个学校，是青岛市超银集团创办的一所综合性的私立学校，设有小学部、中学部，全校共有师生5000多人。

　　2月的天气，虽然体育馆里有取暖设备，但毕竟场内广阔，多少还是有点寒气。孩子们个个儿精神抖擞，听课的坐姿始终如一，听课的眼神是那么的专注，脸上洋溢着幸福的微笑。两个多小时的报告会，孩子们竟然一动不动、聚精会神地听讲，仅从这一点就可以看出超银学校培养教育的效果。

　　一日功夫百日练。学校的管理很到位，学校的风气非常正，学雷锋的氛围非常浓，集聚5000多人的大会所展示出的超银学校的风采，让我震撼。

　　我们做完报告，又分别到各班教室参观，和孩子们面对面交流。孩子们的思想非常活跃，不断地提出学雷锋中的一些问题。

　　有一个小同学问我："陈奶奶，我学雷锋做好事，有人说我是傻子，为什么呀？"我告诉他："说你是傻子是不对的！关爱他人、助人为乐是我们中华民族的传统美德，雷锋叔叔乐于助人，走到哪里就把好事做到哪里，也有人说他是傻子，可他在一篇日记里写道：'有些人说我是傻子，是不对的。我要做一个有利于人民、有利于国家的人。如果说这是傻子，那我是甘心愿意做这样的傻子的。革命需要这样的傻子，建设也需要这样的傻子。我就是长着一个心眼，我一心向着党，向着

超银学校做报告。右一王芳老师（雷锋生前所在部队校外教育顾问，著名德育教育家），右二杨怀远（全国劳模，和雷锋一样是新中国成立 60 周年"双百人物"，出席中国共产党成立一百周年大会，被誉为"为人民服务到白头"的楷模）

青岛超银学校报告现场

青岛超银学校，到班里座谈交流

青岛超银学校，接受小记者采访

青岛超银中小学"追寻雷锋的足迹"报告会主席台嘉宾合影

左起：孙隆新，我，田永清，乔安山，李天文，张淑芹

社会主义，向着共产主义。'雷锋叔叔是这样说的，也是这样做的，他把22岁的有限生命投入到无限的为人民服务之中去，所以他受到人民的爱戴和敬重，成为人民心中伟大的英雄。我们学雷锋就要做好人做好事……"孩子听我说完，一个劲儿地拍着小手高兴地说："陈奶奶，我懂了，以后不管谁说什么，我都要坚持向雷锋叔叔学习，做一辈子的好人好事！"

这个问题仍然和50多年前雷锋遇到的一样，孩子们仍然和我们那个时候一样认真，两相对照，让我感慨良多。

"傻子"问题的再次提出，说明了物质生活水平提升后人们的精神境界需要怎样的提升啊！

老辅导员的感召

4年来，我一直靠吃药缓解三叉神经痛，这次从青岛参加活动回来，疼痛越来越严重，最后我只好下决心接受手术治疗。2012年2月底，我在北京宣武医院做了三叉神经手术。刚做完手术不到两个月，我就受邀参加了中国社会福利基金管委会组织的一个报告团，赴井冈山地区做学雷锋巡回报告。在8天时间里，我们在井冈山学院（现井冈山大学）、江西师范大学、江西理工大学、南昌陆军学院等10个单位做了10场报告。这次活动，由于时间有限，我们的报告有时一天讲两场。再者，我们要去报告的单位，离我们住处有远有近，最远的坐车要一个多小时，有的地方比较偏僻，路又不好走，一路颠簸，到地方马上进会场。这样一来，每天的行程都是紧紧张张的，感觉就像是在和时间赛跑。

这对两个月前刚做完手术的我来说，的确有点吃不消。由于吃不好饭睡不好觉，我的身体非常虚弱。但是，为了宣传雷锋精神，为了履行自己的使命和责任，我硬是咬着牙坚持了下来。我知道，自己的病痛是小事，宣传雷锋精神是大事。

老辅导员雷锋，不就在弓长岭工地，冒雨保护国家财产时，不惜把自己的被子都献出去了吗？一床小被子，解决不了大问题，但能保护300多吨大水泥，大与小、轻与重，雷锋分得很清楚，这种精神说明，雷锋心里时刻装着国家和人民的利益。我这点痛，完全不能与之相提并论。因而，完成报告任务是压倒一切的。

虽然，这次巡回报告结束后不久，我的第一次手术宣告失败，但我无怨无悔。

电击一般的痛与感动

2016年5月，人民出版社、抚顺市委、雷锋杂志联合组织"七个孩子话雷锋"（雷锋辅导的学生代表）进京报告团。我是其中的成员之一。这次活动，引起了全国关心下一代委员会主任顾秀莲同志的高度重视和关怀，她亲自来到报告现场看望大家，让我们很受感动，倍受鼓舞。

那些天，天气特别热，我们每天的时间安排都比较紧，活动期间，就连报告前后的那点时间，还要时不时地接受媒体采访。就在这次顾主任来会场看望我们几个雷锋辅导过的孩子时，我被央视七频道记者拦下采访，待走进会场时，报告会已宣布开始。会后，同学告诉我，顾主任还问，不是说七个孩子嘛，怎么少一个呢？可见领导对我们多么重视、多么用心啊！虽然当时我不在场，留下了一个遗憾，但我听了这话仍然很受感动！

这次巡回报告，对于已近70岁的我，又是一次大考验。

第一次手术失败后，我没有马上再做手术，而是继续靠吃药缓解疼痛。这次参加这么大的活动，每天都要有一场报告，为不影响汇报，每次只有加量用药才能完成报告任务，而加量后，疼痛减轻了，但常伴有头晕、恶心、烦躁，特别是七个人中我又是最后一个发言，也就是如领导说的所谓"压轴"之类的意思吧。领导本来是好意，可这样安排，有时因为药吃早了，到我汇报时已错失最佳药效时间，于是往往没等做完报告，这三叉神经痛就开始阵阵发作，那可是电击一般的痛啊！再加上会场人多，汗水直流，此时是何种滋味，大家可想而知。

在这样的状况下，我一直坚持到第四场报告。那天，是在解放军装甲兵工程学院做报告，气温更高。头晕眼花又恶心的我，当讲到中间时，说话都有点儿不协调了，说到"杀猪"时，一个"捅"字我说了三遍才说清楚。这时，药劲儿快过了，我的三叉神经痛又开始一阵阵电击般袭来，真担心自己坚持不下来……我内心不断暗示自己坚持住，千万不能倒下，决不能让大家失望。这时，台下鼓起一阵阵掌声，给了我极大的力量。我稍稍平静了一下紧张的情绪，继续报告下去，终于坚持到最后一刻！当我走下主席台时，两条腿几乎都不听使唤了，是同志们把我扶到外面一个通风良好的地方休息了好一会儿，才缓过劲来。

我经常在想，这么多年来，是什么支撑我在学雷锋的路上一路走来？当然，首先是老辅导员雷锋的亲身教育和感召，其次就是这么多华

"七个孩子话雷锋"剪影

夏儿女质朴纯真的向善之心、温暖之情。尤其是在雷锋离开我们的日子里，当商品经济的浪潮击打着神州大地的时候，多种思想和思潮比较活跃的情况下，这二者带给我的精神抚慰和激励，是怎么讲都不为过的。"克己复礼为仁"，我理解，这里的"礼"可以当作"善念"来看待，这样，随善念而来的行为就是善举，而善举是人所共盼的美好。它怎么能不激励、抚慰人心呢？

我能带着病痛多年坚持宣传、传播雷锋精神，不仅是雷锋精神的力量，也是现场听众对雷锋精神的渴望和学习的态度给了我极大的鼓舞和激励，没有这种相互激励、相互助推，我是很难坚持下来的。因此，这种互动，让我看到希望，看到未来。

　　心与心的交互，犹如长江之源的雪山与地理环境的相互转化，才使得长江的源泉永不枯竭。数千年来，长江不因沿途的干旱、泥沙等的影响而受阻，反倒激发它一路向海、声威日振！

　　雷锋与敬重、挚爱他的人们之间，也形成了心的交互。正所谓：长风去阴雨，朗月静碧空。赤壁排巨浪，大江径向东。雷锋，就是朗月、大江。

右起第五、七位分别是时任中建三局一公司党委副书记陈盛、团委书记钱程，他们中间的是我

在各地传播雷锋精神中学习。2020年在上海参加全国学雷锋研讨会

在石首公安局，左起：副主任郭成虎，我，时任政委王海华，雷锋文化馆馆长卢贻斌。我受聘为该局雷锋文化馆名誉馆长

雷锋资料收藏家吴铁库（右一），褚士奇（左一）

北京窦珍志愿者联合会会长芦婉华（左五），我（右四）多次参加她们的活动

209

2023年12月7日参加广州学雷锋弘扬延安精神第三次学习会。中华魂网珠海联络站负责人李先良（左一）、曹村镇人民调解员李富荣（左二）、军中儒将田永清将军（左三）、我（左四）、香港华兴雷锋志愿综合服务站负责人（左五）、翔烺哲雷锋志愿者服务站负责人周咏潜（左六）、中建二局（广东）建设有限公司徐海泓（左七）、中交二公局第七工程有限公司何洪海（左八）、仁曦雷锋志愿综合服务站负责人谢燕和（左九）

2023年9月28日，我（左九）与《雷锋》杂志总编辑陶克中将（左十），武汉东湖学院董事长周宝生（左八）、校长李冬生（左三）、党委书记湛俊三（左二）、特聘教授余玮（左六），全国学雷锋"两会"主任李天文（左十一）、湖南雷锋纪念馆馆长余旭阳（左七）、雕塑家陈箫汀等出席雷锋文史馆开馆仪式

2023 年 12 月 9 日，在广州工商学院做报告。左起：广州工商学院关工委主任黄鹏，我，校党委委员、董事会办公室主任陆志丹，关工委冯秀满老师

我（左六）、广东省教育系统关工委常务副主任张紫露（左五），以及广州市花都区关工委、佛山市三水区关工委、广州工商学院关工委代表

2023年传播雷锋精神剪影

我与枫丹结情缘

恰逢毛主席"向雷锋同志学习"题词发表60周年，2023年2月28日，北京市海淀区枫丹实验小学隆重举行了"传承雷锋精神 争做新时代好少年——纪念'向雷锋同志学习'题词发表60周年"主题教育活动。作为雷锋生前辅导过的学生，我应邀参加，并被这所富有雷锋情怀的枫丹实验小学聘请为校外辅导员，又被五（6）孔明中队聘为校外辅导员。

走进枫丹实验小学，整齐划一的校园（文化）风貌，师生们热情洋溢、积极向上的精神面貌，深深地感染了我。

枫丹实验小学始终以"雷锋精神"为德育抓手，以创建红色校园为目标，以培养德、智、体、美、劳全面发展的新时代社会主义事业接班人为己任，连续开展各项学雷锋主题教育活动，让雷锋精神入心入脑入行，取得了很好的实效。

2016年以来，枫丹实验小学创建了特色人物班级，成立雷锋班；少先队员们发扬不怕脏、不怕累的雷锋精神，自发地对教室、走廊、楼梯、绿化带等公共卫生区认真清扫，这在每年的3月5日体现得最为明显；2021年3月5日成立了枫丹少先队志愿服务队，开设失物招领处志愿者岗、操场和楼道等志愿者岗，大队辅导员还带领少先队员们多次走进社区参加城市清洁日、垃圾分类等活动，志愿服务时长累计1000余小时；由优秀少先队员代表成立的小小交警队，持续、深入地开展学雷

214

锋活动，认真传承和弘扬雷锋精神。

这一切，源于学校有一个把握坚定政治方向和大爱情怀的领导班子。它的班长就是亓刚书记、校长。初次见面，他就给我留下很深的印象，他为人坦诚爽快，待人很有亲和力，是一位有智慧、有能力、有情怀、有担当的好班长。因此，这所独具特色的学校，正是我中意的育人环境、播撒雷锋精神的种子阵地、传承雷锋精神的大课堂。

目前学校已经建起一个雷锋班，建立一个雷锋文化楼道，开展多个学雷锋主题班队会，还组建了少先队雷锋宣讲团队。学校正在筹建一个雷锋文化展馆、编创一套雷锋思政校本课程、建设一个学雷锋实践基地、组建一个雷锋校外辅导员团队 …… 作为今后学雷锋活动的进一步举措与开拓。

半年多来，我与校领导交流工作体会，参加班级主题中队会、与师生交流学雷锋的感受，与师生们一起参加有意义的活动 —— 开学典礼开学第一课、参观李大钊烈士展览馆、在烈士墓前举行烈士纪念日主题活动，我更加感受到了枫丹人的真诚与执着！继而令我动容且默许于心，当把余热尽情地奉献给这块为祖国孕育花朵的土地上。既表达我的真诚也为了让师生们时时都能与雷锋相伴，我向学校捐赠一尊校外辅导员雷锋的半身雕像、一批有关雷锋的故事书。我愿与师生共讲雷锋故事、共续学雷锋的新华章，以告慰我最敬爱的辅导员雷锋。我要努力做到：生命不息，校外辅导员责任不止。

我在赠送雷锋雕像。左是书记兼校长亓刚

从左至右：杨彧（德育副主任兼大队长辅导员）、我、**亓**刚（书记兼校长）、刘晓娟（团支部书记兼孔明班主任）

在李大钊烈士墓前带领少先队员宣誓

枫丹实验小学孔明班的孩子们送给我的礼物，红心周围是全班孩子们的名字和手印

和枫丹实验小学大队辅导员、孔明班、雷锋班的老师和同学们在一起

007

情融绵力哺母校

与大家一起讲那雷锋的故事 / 从校外辅导员到央视新闻频道 /

少年雷锋团揭牌 / 齐心建设少年雷锋团

如果你是一滴水，你是否滋润了一寸土地？

如果你是一线阳光，你是否照亮了一份黑暗？

如果你是一颗粮食，你是否哺育了有用的生命？

如果你是一颗最小的螺丝钉，你是否永远坚守在你生活的岗位上？

如果你要告诉我们什么思想，你是否在日夜宣扬那最美的理想？

你既然活着，你又是否为了未来的人类的生活付出了你的劳动，使世界一天天变得更美丽？

与大家一起讲那雷锋的故事

雷锋生前担任校外辅导员的学校有两个：最早是抚顺市望花区建设街小学（现为雷锋小学），接着就是我的母校本溪路小学（现为雷锋中学）。

据我所知，雷锋牺牲后，最早建立雷锋事迹展览室的，除了雷锋连就是我们学校，它在我没有毕业的时候就已建了起来。我们学校建起了雷锋事迹展览室，除了师生们把自己收藏的与雷锋有关的照片、图书和资料捐献出来，更多的是雷锋部队提供的照片等资料。此外，我们还创办了《火炬报》，宣传雷锋事迹。那阵子，学校学雷锋活动开展得轰轰烈烈。

当时，全国各地各界人士和我们往来的信件很多，我们都捐献了出来。这些展品十分珍贵，吸引了很多外校和社会人员前来参观。我还时

学校组织我们到雷锋连事迹展览馆，讲解员是当年和雷锋一起做我们校外辅导员的于曾水（即画面中指点雷锋资料的解放军战士），站在他左侧的是我

左图：喻惠珍老师向我们宣读团中央追认雷锋为全国优秀辅导员的决定

中图：向五年二班讲述雷锋生前事迹

右图：《火炬报》小记者张胜林采访我

不时地当个临时小讲解员。这个展室虽然不大，但在当时却产生了很大影响，对学习和宣传我们的好辅导员雷锋起到了较好的推动作用。

　　记得最早到我们学校参观雷锋事迹展室的领导，是时任抚顺市团市委书记宋庭章、时任团市委学少部部长邹本平等一行人。可能因为当时我已经跟着我的辅导员雷锋的名字，在抚顺也小有名气了，所以宋书记到学校来参观雷锋展室的时候，校长把我也叫去了。这是我第一次见到市里来的大领导。当校长指着我和雷锋一起看画报的合影照片告诉宋书记，这个小女孩就是我的时候，宋书记抚摸着我的头，笑着对我说："这张照片很有纪念意义，你很幸福啊！上几年级了？"我回答说，上六年级了。他又叮嘱我一定要好好向雷锋叔叔学习，做一个新中国的好少年。当时这些话对我鼓舞很大，因年纪小又是第一次见到市里来的大领导，心里不免有些紧张，只知道点头"嗯嗯"，但是他给我留下的印象很深。看上去他和我的父亲年龄差不多，很慈祥，平易近人，说话文质彬彬，让我感觉很亲切。于是，打那时起我就记住了，团市委书记叫宋庭章。后来我参加团市委组织的学雷锋座谈会及有关学雷锋活动时又见过他。我1968年当兵走了之后就很少见到他了。1978年，一次在大连到沈阳的火车上我又巧遇宋书记。当时，因为车快到沈阳站了，我就提前往前车厢走去，走过两个车厢后，突然听到有人说：

　　"是陈雅娟吗？"

我回过头一看，这人太眼熟了，白白净净，四方大脸，哦！想起来了，我忙回应说：

"您是宋庭章书记吧！"

"是啊！"

"宋书记，真没想到在这儿碰见您了！多少年没见到您了，还好吧？"

说着，我就在他对面的空位上坐下来，我俩的手紧紧地握在一起，真像久别重逢的老朋友。我们都很兴奋。我们又聊起了当年的往事，他告诉我，他已调到省建委工作了……这会儿，感觉时间过得太快了，还有好多话要说，可广播里传来了"终点站沈阳车站到了"的声音，我们只好匆匆告别了。

1963年3月5日毛主席给雷锋的题词发表后，全国掀起了学雷锋的高潮。5月，时任辽宁省副省长的车向忱来到我们本溪路小学视察，陪同的有时任抚顺市副市长卢英、望花区区长金殿忠等。车副省长指示要为学校建围墙，并题写了校名，同时题词："你们学习雷锋辅导员成绩显著，现在已经在全国21个省市开了花，今后希望全校师生学习雷锋同志，学深、学透、学到底，使全校师生都变成雷锋。"他视察时正值望花区在石油学校（现辽宁石油化工大学）召开运动会，便在该校区接见我们后合影留念。

因为雷锋不仅是我们学校的校外辅导员，也是我们班的辅导员，而且我们学校还有一个得天独厚的地理优势，那就是：和雷锋部队仅隔一条小马路。大家彼此来往非常方便，所以我们班同学和雷锋接触更多一些，和他交往的故事也更多一些。前来采访我们的人，不仅因为到部队、到我们学校都很方便，而且可以获得更系统、更具体、更珍贵的故事和细节。这样，我们接待的各大文艺团体、新闻媒体也就更多一些。

这个时候，原解放军总政文工团、歌剧团，原沈阳军区抗敌话剧团、八一电影制片厂等单位先后派员来我们学校采访，采访重点就在我们班。

他们要拍电影、排话剧，到我们班来采访雷锋事迹、体验生活。

最早来的是由傅铎团长带队的原解放军总政文工团，他们待的时间短，两三天后就走了。

原沈阳军区抗敌话剧团要排雷锋话剧。他们到我们学校主要是来我们班，不仅是采访也是体验生活，所以在我们学校待的时间比较长，大约是十多天。那些天，我们几乎没怎么上课。

前排为车向忱
中排从左至右分别为：周重庆、贾素兰、我、张胜林；后排左一为抚顺市副市长卢英，左二为望花区区长金殿忠

用他们的话来说，就是让我们围绕这样几个问题进行回忆：

你们和雷锋之间有哪些故事？

你们眼里的雷锋是个什么样的人？

同学们根据自己接触雷锋的经历和感受，讲和雷锋在一起的故事、雷锋留在我们心中的形象、雷锋对我们的辅导和帮助等。

大家讲雷锋的长相是圆脸型，单眼皮，爱笑，不笑不说话。这时，我给总结了"三快"：说话快，走路快，办事麻利痛快。

大家讲雷锋和我们在一起时，是怎么走路的，说话的姿势和神态是什么样的，等等，讲得活灵活现。比如，我们经常在雷锋后面，偷偷地跟他比个子……

这些介绍惟妙惟肖、生动有趣，经常惹得大家哄堂大笑。总之，只要是知道的，我们班同学都讲了，经常讲着讲着，就一起唱起歌来，气氛十分热烈、活跃。

有个阿姨叫刘莹，给我的印象最深。她非常活泼，说话声音好听，又会唱歌。她个子不高，非常有灵气。那会儿有这么个习惯，大家参加活动临告别时，互相赠送照片，就像雷锋那时出去开会也赠送照片那样。刘莹很喜欢我，采访结束要走时，也送给我一张她的照片，并在照片背后签了字。我多年来一直精心地保存着。一如雷锋，她开朗、阳光、美丽、可爱，留存在了我的记忆中。这是一段美好的回忆，就像藏在心底不曾褪色的底片。

给他们摄影的张峻叔叔后来告诉我们，原沈阳军区抗敌话剧团演出的雷锋话剧，党和国家领导人观看后很满意，还与他们合影留念呢。这对他们来说，是多大的一个鼓舞啊！刘莹后来和我说，得到认可的，不仅是他们的表演，更主要的还是雷锋这个人、这种精神，这才是最让大

前排右二是傅铎团长，左三为时任校长曹素珍，中间排右一是我

刘莹当年送给我的照片

与原沈阳军区抗敌话剧团演职人员合影，前排右三是我，在我左上方的是刘莹

刘莹近照

家高兴的。确实，一个国家、一个民族，总要有昂扬不衰的精神追求。

前几年，抚顺师群传媒导演魏振民为留住雷锋、弘扬雷锋精神，不辞辛劳，自费到全国各地寻找和雷锋有关的人。他找我了解了一些情况，刘莹就是我给他提供的信息，他们进行了采访。谈及我们学校的情况，由于年事已高，刘莹老人家只记得我的名字。这样，我和刘莹阿姨终于又取得了联系。我们彼此时不时地通过微信诉说这些年来经历的事情和感受，诉说有关雷锋的事情。如今，她已87岁，思维仍然敏捷，身体很好，这让我十分欣慰。

当时，给我留下深刻印象的还有一个人，那就是原总政歌剧团的陈声，当年是和傅铎团长一起来的。可能因为我给他们讲雷锋的故事多一些，他对我印象比较好，临走的时候，也送给我一张照片作为纪念。我也一直保存着，要不怎么能记住呢？1967年夏天，我到北京，还去拜访过他呢。有位和他曾在一起工作过的同志，现今与我同住在北京的一个公寓里，有一天我们巧遇，我曾让他帮助联系陈声。他说，陈声搬家了，也不知道是在哪个干休所，如果健在也已经90多岁了。

那些年，经常有一些报社、杂志社等新闻媒体来采访，比如人民日报社、解放军报社、光明日报社、中国青年报社、解放军画报社、上海文汇报社、工人日报社、中国少年报社、辽宁日报社、抚顺日报社以及全国各地方报社，还有《民兵之友》《辅导员》等杂志社，都派记者到我们那儿去采访。我小的时候，也都接待过他们。那时候，他们都知道我，因为那张我和雷锋合影的照片经常被登载，给大家留下了很深的印象。这些报纸背后都有一些故事。

陈声

解放军报

毛主席语录

向雷锋同志学习

第5533号　1973年3月5日　星期一　农历癸丑年二月初一

把批修整风这个头等大事继续抓紧抓好

紧密围绕批修整风开展学雷锋活动

深刻领会毛主席光辉题词伟大意义

沈阳部队举行向雷锋同志学习经验交流会，陈锡联同志在会上讲话

新华社沈阳一九七三年三月四日电

广州部队某师师、团领导干部深入连队

带领部队抓住实质批判修正主义

本报讯

某团党委切实加强对批修整风运动的领导

用主要精力抓好头等大事

本报讯

一机连配合批修整风开展文化活动

本报讯

应董必武代主席和周恩来总理邀请

墨西哥总统埃切维里亚和夫人
将来我国进行正式访问

新华社一九七三年三月四日讯

1973年《解放军报》报道原沈阳军区纪念毛主席题词十周年大会盛况

这张《解放军报》，报道了1973年原沈阳军区为纪念毛主席给雷锋题词发表十周年而举行的纪念大会盛况。我有幸参加了这次大会，就自己学习毛主席著作和学雷锋的实际体会做了发言，并被原沈阳军区作为"学雷锋积极分子"予以表彰。

开会前在贵宾室里，当时任原沈阳军区司令员陈锡联上将听介绍，知道我是雷锋辅导过的学生时，他亲切地握着我的手说："雷锋是我们军区培养出来的毛主席的好战士，你是雷锋辅导过的学生，你更应该好好向雷锋学习，把雷锋精神好好传下去。"说着，司令员拿出一枚毛主席像章，要送给我。当时，他手举像章，又风趣地说："这叫什么呢？就叫东北的新曙光吧！"首长话音一落，在场的同志们报以热烈的掌声。我顿时感到无比的幸福。

我们学校在雷锋去世之后的一段时间很有影响力。但是，它毕竟是新学校，基础建设很薄弱，很多珍贵的东西没有得到很好的珍藏，没有发挥应有的作用。比如，我们去上中学的时候，全国各地和我们来往的信件多得用麻袋装。当时，我们因为年龄小，不懂珍藏，都无私地交给了学校的雷锋展览室。后来"文革"期间，很多资料都丢了。我们学校归属与建制不稳定，校名也随之不断变更，直到1975年才定名为雷锋中学。这样，在20世纪80年代前，学校与雷锋关联紧密的这种资源优势虽然众所难比，却未能被很好地发掘与发挥出来。

雷锋小学就不一样了，建校早，基础厚实，是个老牌学校，在后来的日子里，因为各方面的工作都做得扎实深入，从而走在了我们这个新建学校的前头。

从校外辅导员到央视新闻频道

这是我当兵后回到母校与继续传递雷锋学习小组精神的雷锋班同学一起交流。从左到右依次为：我，张振刚，孙秀梅，李继娟

20世纪70年代末，我就担任了母校的校外辅导员，回到地方后又被母校聘为校外辅导员，这既是学校对我的信任，也是我的责任和应尽的义务。尽管在大连金县实验学校做过校外辅导员工作，但在新时期怎么做好辅导员，我心里确实不怎么有把握。我想，雷锋对我们学校有着殷切的期待，我有责任把老辅导员这个精神传承下去，让他的期待落地、生根、发芽，直至长成繁茂的参天大树。

这里有必要插叙一件事情。雷锋的"三件宝"（节约箱、针线包、储蓄箱）十分有名，而且当年又是他亲手传给我们的。我们小学毕业时，学校为把这个好传统传承下去，还组织了交接仪式。在与当年的四年二班交接时，我们把"三件宝"和帮助烈属张士霞老人的学习小组活动一并传给了他们。这个班当时是学校的优秀班级，后来也成了学校新的雷锋班，班主任是王凤云老师。这样，"三件宝""一个组"（帮助烈属学习小组）这套传家宝，就像“接力棒”似的在母校日后的学雷锋活动中，一代代传承了下来。

“文化大革命”开始后，我们无法继续上学。到了1968年，我参军离开抚顺。虽然每次从部队探亲回抚顺，总会抽时间去看看老师、同学，但这种交流和联系还是少而浅、不系统。直到转业回到抚顺，我才有了更多回母校的时间。

我们读初中时，教我们语文课的是副班主任王新中老师。1998年，他被调到雷锋中学当校长。我们之间来往比较多，师生携手配合，非常

左图：郅顺义（左四）、陈广生（左三）、王芳老师（左一）、我（左五）等与孩子们在一起。
右图：从左到右依次为，第一个给雷锋写传记的陈广生，我干女儿佳佳，老红军王霞芳，张士霞，郅顺义

下方第一排左三起依次为：陈广生，郅顺义，高玉宝，王霞芳，张峻，王芳，张士霞，邓凤兰，赵晓平
下方第二排左起依次为：王平，于泉洋，庞春学，乔安山，齐桂春，我，宋艳平等

默契。他很有爱心，一心想把雷锋中学办好做强。我也积极协助他，向他推荐了董存瑞生前战友郅顺义老人家、著名摄影家张峻、第一个撰著《雷锋故事》的作家陈广生、知名作家高玉宝、老红军王霞芳、雷锋干妈烈属张士霞老人等。时任望花区副区长的宋艳平也非常关心雷锋中学，给予了大力支持，并推荐邀请全国著名德育教育家王芳老师参加。雷锋中学把邀请的这些知名人士，都聘请为学校的校外辅导员。这样，借助外界的支持促进教学育人全面发展，母校学雷锋的活动有了新的起步、新的提升。

后来，孙承照被调任为校长。他年纪较大，身体又不太好，看上去是个不太显眼的瘦小老头。但是，他抓学雷锋的劲头特别足，很重视用雷锋精神治校育人。他曾经说，干就要干好，要干出个平凡之中的不平凡。他干起工作点子也多。那几年，学校各方面都很有起色，和雷锋生前所在团的关系也很密切。

2003 年，他快要退休时，组织母校配合团中央在雷锋生前所在团搞了一次全国辅导员夏令营活动，旨在进一步推动全国学雷锋活动向更深更广的领域拓展，尤其是进一步落实好学雷锋从娃娃抓起这件大事。各省市的代表和一些英模人物也参加了。

时任雷锋生前所在团政委的张怀先，虽然比我晚一年参军，但长我1岁，因为我们对雷锋都有深厚的感情，对用雷锋精神教学育人都有天然的共识，所以，他特别邀请我参加这次活动，并让我参加负责接待外请的客人。

我还向团里推荐了当年雷锋做我们辅导员时五年级下学期的班主任喻惠珍老师，还有我的同班同学赵晓平、王宗慧、刘静、邹静坤等。在夏令营活动中，孙校长介绍了学校多年来坚持用雷锋精神建校育人的经验，得到与会领导和雷锋传人的好评。

少年雷锋团揭牌

2011 年，在参加雷锋小学的一次活动时，我巧遇了母校新上任的校长李静，她是我参军那年出生的。我主动和她打招呼，并做了自我介绍。听说我是她们学校毕业的，是雷锋辅导过的学生，她特别兴奋。我们俩就像久别重逢的老朋友一样，双手紧紧地握在一起。看得出，她精明强干、开朗大方、很有激情，对雷锋也很有感情。握手时，我似乎从她身上看到了雷锋中学的未来，因而我对母校的明天更加充满了信心和希望。

从那以后，我们交往越来越多、越来越密切，彼此之间都很信任。为了雷锋中学的发展，我们倾注了很多的心血和努力。我想，母校发展，仅仅有主观愿望和内因作用还不够，还要争取外界的力量，得到社会上更多人的关注、指导和支持。我是母校的学子又是校外辅导员，有责任协助新来的年轻校长和领导班子，尽我所能做些工作。当然，我更有信心与勇气，这是因为学校领导也有这样的强烈愿望。

那些年，因为三叉神经痛的折磨，我每天吃不好睡不好。尽管用药控制，但还是经常发作，疼痛难忍。有时疼起来连喝水、吃饭都很困难，后来做了两次手术都失败了。尽管这样，为了母校能成为学雷锋路上的一面旗帜，以实现老辅导员雷锋的遗愿，我克服了难忍的痛苦，坚持把这项工作做了下去。

我积极呼吁，求助更多人关注和支持母校。我把自己认识的、能联系到的相关人士陆续推荐给了学校，他们后来都成了雷锋中学的校外辅导员。他们当中，有正在强军路上运筹帷幄的将军，有雷锋生前的战友，有雷锋团退伍下来的老团长、老政委，还有全国各地各界知名人士和社会上学雷锋团队的雷锋传人等。我还建议学校，聘请当代雷锋郭明义为学校名誉校长，后来雷锋战友乔安山积极协调、帮助并亲自与学校党支部书记金加旺一起去鞍钢聘请，这个愿望终于得以实现。

　　校外辅导员的队伍不断扩大，给学校建设、发展注入了极大的活力。为了让雷锋精神更多、更好地哺育新时代少年茁壮成长，大家都在积极地承担一份责任、奉献一份爱心。这对广大师生是一个极大的鼓舞，从中增强了他们的荣誉感和责任感，于是，一所团结向上、朝气蓬勃的雷锋中学面貌一新！

　　2013年3月4日上午，为纪念毛主席为雷锋题词50周年，雷锋小学举办了盛大的纪念活动，我作为他们的校外辅导员受邀出席。这天下午，我将参加母校隆重举行的"少年雷锋团"成立的揭牌仪式。这是雷锋中学有史以来最振奋人心、影响力最强的一次大型活动。此前，我也

少年雷锋团揭牌仪式后合影

参与过学校关于这次活动的研究，母校的方案策划得特别好。参加母校这次活动的，有来自全国各地的企业家、知名人士，有雷锋战友、雷锋班历任班长，以及市有关部门的领导等。因学校经费有限，没有邀请更多的外地嘉宾。

让我既感意外又非常庆幸的是，在参加雷锋小学活动时，正巧遇到了龙凡将军、雷锋生前所在团毛立功副政委、全国著名德育教育家王芳老师等知名人士。我想，这可是千载难逢的机遇，一定要想办法把他们留住，邀请他们参加母校下午的活动。这不仅会提高揭牌仪式的规格、档次，也会给这次活动增光添彩，并在师生中、社会上产生更大的影响力。

领导都很忙，能否留住他们，我心里还真没有底儿。为此，我首先是分别邀请、请求支持，同时又请有人脉且德高望重的王芳老师帮我们留住这些领导。王芳老师很支持我，积极帮助我做工作，最后，几位领导都答应留下来参加母校下午的活动。我兴奋极了，立刻把这一好消息告诉了李静校长，并提议由龙凡将军和毛副政委给母校少年雷锋团揭牌。她连声说："太好了！太好了！陈老师，你又为咱学校做了一件大好事！"

老天爷非常给力。昨天还是大雪纷飞，今天却晴空如洗、风和日丽。全校师生满怀激情，热烈欢迎各位来宾。看到身穿少年雷锋团特制服装的孩子们，来宾们个个赞叹不已。这不仅是雷锋中学的一道靓丽风景线，更展示了雷锋中学的精神面貌。简短而隆重的揭牌仪式圆满结束，但留给人们的震撼却久久不息。

学雷锋从娃娃抓起，不仅能把这项活动的基础夯实，而且会促使它行稳致远。我们作为雷锋辅导的学生，就是这么走过来的。因此，学校着意创办少年雷锋团。这个创举在全国是独树一帜的，它既是抚顺市学雷锋的一个多彩品牌，又是雷锋中学独有的一张名片。我为母校骄傲、为母校自豪，相信九泉之下的老辅导员雷锋也会感到欣慰。

为了宣传我的母校，让更多的学校也高扬学雷锋的旗帜，我把中央电视台新闻频道记者采访我的活动现场，从家里变更到了学校。虽然对方提出，到家里访谈更有生活气息，但我认为，这是宣传母校的一个好机会。我和他们讲，如今的雷锋中学是怎样不忘老辅导员的教诲、如何用雷锋精神建校育人的，这方面的事迹很感人也很有新闻价值。他们产生了浓厚的兴趣，于是通过央视一个个生动的镜头，把雷锋中学推向了全国。

在母校接受央视采访

齐心建设少年雷锋团

一个少年雷锋团的成立，并不意味着学雷锋活动就大功告成。日后只有开展持之以恒、富有成效的系列活动，才能让母校真正成为用雷锋精神铸魂育人的创新载体。那么，我能帮助母校做点什么呢？中学教学我是外行，学校管理我也不便多问。我想，少年雷锋团这个新事物的成长，不仅需要精神的助力，也需要一定的物质助力。

但是，学校家底薄，财政的教育拨款有限又必须专款专用，开展各项学雷锋活动必需的硬件、经费往往捉襟见肘。于是，我决定在这方面绵力襄助！

我首先捐款5000元，同时四处求援，帮助引荐外界知名人士奉献爱心，动员社会力量解囊资助。以前，我曾和全国劳动模范邓凤兰大姐一起走出学校走向社会，为改建雷锋纪念馆四处奔走筹措资金，而今，为少年雷锋团第二次走出去，我同样义不容辞。

因为参加学雷锋活动，我认识了福建厦门学雷锋团队的负责人朱剑平、袁雪雪夫妇。朱剑平院长是宋代著名理学家朱熹的后裔，很有雷锋情结，这些年义卖自己的字画作品，无私资助了很多贫困学生。特别是他们多年来坚持把雷锋的感恩精神、"钉子"精神融入工作和生活中，积极配合政府，为创建新时代雷锋学校献计献策、出钱出力，比如走进龙岩上杭实小、厦门同安西柯中心小学、武平刘亚楼母校、海沧北师大附小、厦门七幼、庐山温泉学校等，让孩子们从小知雷锋、爱雷锋、学

右二为杭州雷锋纪念馆馆长马水泉

朱剑平和袁雪雪

母校聘请我为名誉党支部书记会场

雷锋、做雷锋并把将军书法、中医启蒙引进校园，为祖国培养又红又专的人才做出了实实在在的贡献。

我找到他们说明情况后，听说是帮助我的母校，又是雷锋辅导过的学校，他俩二话没说，专程来到雷锋中学，无私捐助 5 万元，专门为少年雷锋团建立了学雷锋基金。后来我听说，他们又捐助了 7 万元。

杭州雷锋纪念馆马水泉馆长是个热心又细心的人。在到抚顺参观雷锋纪念馆时，他发现通向雷锋塑像的台阶上有一些瓷砖掉落了，临走时就交给我 5000 元现金，让代他找人给修补好。我找到张淑芬馆长说了这件事，她说上级已有维修计划，让我转告马馆长表示谢意。我转告了马馆长并和他商量，这笔钱可否捐助少年雷锋团？马馆长立刻表态："完全同意！"马馆长来抚顺时，知道我母亲正在住院，在交给我这5000 元的同时，又非要给我 1000 元不可，让我给老人家买营养品。这样，我以他的名义，把 6000 元一并交给了雷锋中学。

像这样捐资助教学雷锋的故事还有不少。

北京中建一局二公司项目总经理、北京市劳模齐翼华是一位非常敬业、有爱心的人，他不仅捐助了价值 1 万多元的照相机一部，这对当时的学校来说，算是一件奢侈品了；后来又坚持多年帮扶资助雷锋中学 4名家庭困难的同学，直至他们大学乃至研究生毕业。这些孩子都成为国家建设的栋梁。他后来也被聘请为雷锋中学的校外辅导员。

沈阳国防教育基地总工程师、现任沈阳市雷锋精神研究会会长的曲静听我介绍了少年雷锋团的情况后，捐献了价值近 10 万元的器材。我的外甥牟学军也是雷锋中学的学子、抚顺市人大代表，当我告诉他时，他二话没说，积极支持，一次就捐献了 20 台电脑。

······

学校新建了一座图书馆，孩子们课余时间会到这里博览群书。为了让孩子们能了解更多的雷锋事迹、源源不断地接受雷锋精神的滋养，我捐献了 100 多本各种有关雷锋的图书。要知道，以前的出版发行事业并不发达，也没有如今互联网这么丰富、快速、便捷的渠道，几十年来，我才积攒下这么多本有关雷锋的书籍，实在不容易啊。

这些书中，有的是我外出参加活动时人家赠送的，有的是在书店发现了赶紧如获至宝般买下来的，有的是买不到时就厚着脸皮朝人家要的，还有甚至是用自己的珍贵物品交换过来的。正是通过种种方式铢积寸累，我才有了这些爱不释手的珍贵图书。但是，为了母校的孩子们，我毫无保留地捐献出来。老辅导员雷锋讲过，一滴水只有放进大海里才永远不会干涸，一个人只有当他把自己和集体事业融合在一起的时候才最有力量。因此，我想：一个人拥有，受益的是我自己；一座图书馆拥有，分享给的则是整个学校乃至更多的人。传播雷锋精神的图书，只有分享给更多想读的人，才会发挥更大的价值，而这也是我学雷锋、传播雷锋精神的真正目的。

……

母校永远是我学习的大课堂，我从校领导和广大师生那里学到了很多。特别是领导班子带领全校广大师生不懈努力，以他们的表率作用、雷厉风行的工作作风、爱校如家的责任感、勇于吃苦不服输的韧劲，使母校发生了翻天覆地的变化。无论是教学质量、师资队伍建设、学生风貌，还是校园雷锋文化氛围和社会影响力、美誉度等，母校都取得了可喜的成绩。母校师生这些雷锋精神的闪光点熠映于身，都给我留下了很深的印象，不断给我鼓舞和力量。每当看到或听到全校师生共同努力奋斗取得的每一个成绩，我都打心眼儿里为他们高兴。当然，我也有一种身在其中共享丰收的喜悦和快乐的感觉，因为我也曾与他们同舟携行，倾洒了点滴的心血与汗水。

母校之所以让我魂牵梦萦，除去以上所述的，还因为我得到了母校无微不至的关爱。在我生病住院时，他们去看望我；每当年节到来时，他们到家里慰问我；学校有喜事的时候，也想着我……凡此种种，都让我时刻感受到了母校大家庭的温暖。让我更感到欣慰的是，我仅为学校尽了一点微薄之力，却赢得了母校的信任和肯定。2015年，我荣幸地被母校聘为名誉党支部书记。60年前因为进入母校读书，我得到了一个至高无上的荣誉——雷锋辅导的学生，让我受益匪浅。54年后，母校又赋予我这份光荣的使命，让我体会到雷锋精神代代相传的喜悦、责任和无悔奉献的庄严。

　　感恩母校，祝福母校明天更美好！

008

我的第二个“娘家”

离开抚顺 / 到雷锋班认亲 / 留住雷锋团 /

常回“家”看看 /《雷锋班的故事》/ 雷锋班里过大年 /

新面孔与老传统 / 从“叔叔”到“大哥”

　　小的时候，因雷锋部队在抚顺施工，我才有幸结识我的辅导员雷锋，并得到了他的热心辅导和帮助，受到了雷锋精神的熏陶和他高尚品格的影响，让我受益终身！

　　因为雷锋是我们学校的校外辅导员，我和同学常去他们的部队，与他的战友们也多有接触和来往。每每走进营区，我们就好像回到自己的家，来到了亲人的身边。正是这种油然而生的亲近感，多少年来伴随着我，所以我把雷锋生前所在部队一直视为自己的第二个"娘家"。虽然雷锋离开我们越来越久远，但我依然能感受到雷锋部队这个大家庭的温暖，因为这里依然还有雷锋的影子、雷锋的足迹和气息，他的红色基因和无限生命仍然在这里跃动与延续，特别是1968年我光荣应征入伍成为原沈阳军区司令部通信总站的一个兵，老辅导员雷锋曾来这里做过报告，这样，我和这支部队的情感更近了。

离开抚顺

　　1962 年老辅导员雷锋牺牲后，我好长时间不敢到部队去，因为去了看不到他心里会难过。可是那里还有我们三个辅导员，还有我们最熟悉的指导员高士祥叔叔和连长虞仁昌叔叔啊！有一个星期天，我终于按捺不住内心的想念，跑到部队去找他们，看到叔叔们都在忙忙碌碌的，才知道他们要走了。高士祥指导员看到我来了，抚摸着我的头说："孩子呀，我们要走了，以后还不知道啥时再能见面。你是个好孩子，一定要好好学习，给你雷锋叔叔争光！"我含着眼泪点了点头。

　　1962 年 10 月底，雷锋连等在抚顺的几个连队受命陆续离开了抚顺。那时候，我的心啊，总感觉空落落的，就好像雷锋离我们越来越久远了。从那以后，每天上学我总要情不自禁地向雷锋部队营房望几眼，心里总有一种说不清的滋味。

　　1963 年 3 月 5 日毛主席为雷锋题词发表后，全国掀起了学雷锋高潮。这年 8 月，我小学毕业后考上抚顺第十八中学，虽然离雷锋原来

上中学后在雷锋墓前讲雷锋的故事（图中穿军服的是雷锋班成员，穿军服那排右二是时任雷锋班班长于泉洋）

的营区远了，但因为雷锋对我的辅导和教诲时刻在鞭策和鼓舞着我，我第一批入了团，又担任了年部的联合支部书记、学校团总支委员。这期间，有时还会被母校邀请回去或参加市、区组织的学雷锋活动，让我讲雷锋的故事，所以有时还能见到雷锋班、雷锋连的亲人们，这让我深感欣慰。

我们团总支成员。下排左起：我，潘春娥，高德明书记。上排左起：胡艳华，王宪和，王振民，韩英春

1971年，雷锋生前所在团出国执行援外任务后，我们就失去了联系。

此后虽难见面，但这份割舍不下的情感一直在我心中延续。

到雷锋班认亲

　　1985年，雷锋生前所在团又回到抚顺，我很兴奋，这是我期待好久的愿望，就好像有一种雷锋又回来了的那种感觉。

　　我永远割舍不下的亲人们，你们终于回来了！我多么想立刻见到你们啊！不知道是否还有我当年认识的亲人？

　　1986年年底，在我转业前，正赶上孩子们放寒假。当时在抚顺，我们常联系的有五个同学，那时我们的孩子都10岁左右。我们小的时候，也是在这个年龄接受雷锋辅导的。于是，我建议，我们那些当年接

我们带着孩子与雷锋班战士合影

受过雷锋辅导的学生带着自己的孩子到雷锋班认亲，亲临雷锋生前所在班，感受雷锋精神的温暖。大家都觉得这个活动太有意义了，一致赞成，积极响应。我们的想法也得到了部队领导的大力支持。

当时，在抚顺采访的《解放军画报》记者车夫听说我有这个想法后，决定晚走几天，与我们一起去雷锋团。

那时，雷锋团还在抚顺李家乡大东北沟，离市区很远，交通又不方便。我们一行十几个人一路颠簸近两个小时才赶到雷锋团。雷锋团的首长们热情地接待了我们。当时的政委是李德才，我一眼就认了出来，他还是我在学生时就认识的，当时他是原工程兵秘书处的秘书。我又巧遇了原沈阳军区司令部政治部宣传科摄影干事王明芳和原雷锋团政治处摄影干事欧达龙。一见面，我们都为这意外的相遇感到非常的兴奋，久别重逢的我们紧握双手互相问寒问暖，那个亲热啊！

后排左一张怀先，左四周重庆，左五政委李德才，左六王明芳，左七金国吉，左八报社记者，左九车夫，左十欧达龙，左十一我，左十二赵晓平；前排穿军装的是雷锋班战士等

时任政治处副主任的张怀先（后为雷锋团第十任政委）亲自给我们和雷锋班安排了一次别开生面的座谈会。当时，《抚顺日报》的记者也前来参加。那时，雷锋班班长已经是第十五任李仕库了，小伙子长得浓眉大眼，很有亲和力，他曾经多次受到党和国家领导人的接见，又被评为全军优秀班长。座谈会上，他以生动的事例，讲述了老班长雷锋的

雷锋班第十五任班长李仕库给孩子们讲雷锋的故事

故事，并介绍了雷锋班多年来以雷锋为榜样，不断取得的辉煌成绩。

孩子们听得非常认真，受到了一次雷锋精神的熏陶，在他们幼小的心灵中打上了雷锋精神的印记。

最后，在大家的推荐下，我代表孩子家长发言，我儿子吕英石代表孩子们发言，他表示一定要向雷锋叔叔学习，做一个雷锋式的好少年。

这些孩子在以后的人生路上不断成长和进步，后来上了大学、入了党，有的出国留学，有的考上了研究生，有的走上了领导岗位。他们在不同的岗位上，像他们的长辈一样，以雷锋为光辉榜样，为中华民族伟大复兴发光发热、积极贡献！

古语说得好："铁打的营房流水的兵。"几十年来，尽管雷锋班、雷锋连和雷锋团的官兵如流水般换了一茬又一茬，尽管开始相见的是陌生面孔，但我总是有一见如故的亲切感。那时，虽然我们去雷锋团很不方便，但只要有去雷锋团的机会，我是从来不会放弃的。有一次部队新兵下连，让我给新兵作场报告。那天正赶上我胃病犯了，吃的东西因一路颠簸全都吐了出来，送我去的司机见状，问还要去吗？我毫不犹豫地说："去！"他也很受感动。到了雷锋团，我硬挺着坚持了下来，而且根本没有让他们看出来我是带病坚持来讲的。对娘家人，我始终保持着积极、乐观向上的精气神。

岁月在悄悄地流逝，大家对雷锋的情感却在默默地珍存、凝聚。

留住雷锋团

1998 年部队裁编，听说要取消雷锋团。抚顺的父老乡亲们哪里会舍得呀！雷锋团，这支具有光荣传统和历史荣誉的部队，从战争年代到和平时期，为新中国成立和国家安全发展做出了卓越的贡献。半个多世纪以来，历届官兵接力传承雷锋精神，永葆雷锋传人本色，多次立功，先后被评为"全国拥政爱民模范单位""全军学雷锋先进单位""全军学雷锋标兵集体"。雷锋、雷锋团在抚顺这片热土上，为抚顺人民也做出了重大贡献，工厂建设有他们的奉献，建校育人有他们的爱心，抗洪抢险有他们奋战的身影，抚顺的建设有他们的鼎力相助……造福了抚顺几代人的雷锋精神，已在这里深深地扎下了根。几十年的情缘决不能再断了。于是，大家奔走相告，一定要留住雷锋团、留住雷锋。

为了留住雷锋团、留住雷锋，我也积极奔走求助，找到当时抚顺市委宣传部的田敬祥部长。田部长多年来在抓抚顺学雷锋的活动中一直亲自挂帅，多次带领我们去雷锋团进行慰问活动，对雷锋、对雷锋团有着深厚的感情。重要的"雷锋精神永恒展"期间，他曾亲自坐镇。我请求他跟市委领导讲，请抚顺市委一定要上书省里，想尽办法留住雷锋团、留住"雷锋"啊！

当时，我还是"抚顺市学雷锋典型联谊会"的常务副会长，和会长邓凤兰一起，我们找过市的领导和军区有关部门，希望把这个团留下来，因为抚顺人民喜欢他们、需要他们。

回到雷锋连一起忆雷锋

雷锋班第十六任班长朱华（左一），第十八任班长赵洪光（左三）

左起：李莹旅长，我，邓凤兰，乔安山，周小东，孙树志政委

和雷锋班战士在一起过年

左起三人：孙树志政委，毕可弟主任，周凌副主任。左五起：郭明义，王芳老师，李春荣，肖宇院长，李莹旅长和我

左起：雷锋班第二十六任班长张阳，我，央视主持人周伟，杨加木，汪洋

部队精简整编是适应新时期保卫祖国的需要，留与撤，是权衡整体需要而定的，而且是有多个方案的。这个道理我是懂得的。人民希望把雷锋生前所在团保留下来，是出于对雷锋和雷锋精神的热爱，这也是谁都可以理解的。

最后，雷锋团还是留在了抚顺，大家悬了好一阵子的心，终于落定了。

雷锋团在，雷锋就在。

雷锋在，雷锋精神就在。

我想，这应该是大家上下一致的认识和感触吧。

人心、民心，在这件事情上，也体现了出来。

守江山，守的是人民的心。诚哉斯言！

常回"家"看看

1993年10月中旬，雷锋团搬进了离市区比较近的顺城区施家沟的新营区，这样我们往来方便多了。至今我多次被邀请参加部队学雷锋活动，和雷锋班及后来升格为雷锋旅（原来是雷锋团）的领导一起到全国各地参加活动，宣传雷锋精神，播撒雷锋精神的种子。

1998年3月，我和雷锋战友乔安山、时任雷锋班第十九任班长李有宝，一起应邀参加由中宣部、抚顺市委联合在北京的中国革命历史博物馆举办的"雷锋精神永恒展"活动，负责现场接待和讲解雷锋的故事，我们又一起接受了中央电视台《实话实说》栏目组的现场采访。

2003年，团中央和抚顺市委、雷锋团联合举办全国辅导员夏令营。这次活动的地点就在雷锋团，我和雷锋中学的师生代表参加活动并参与了接待和服务工作。

左起依次为：刘泰桐，杜鑫，戴明章，周素泉，李有宝，我，乔安山，董安贤

2004年，听说雷锋班要随团去利比亚执行维和任务，我和抚顺市雷锋办主任周素泉一行及雷锋中学书记王平、学生代表一起去欢送他们。出国后，雷锋班得到了国际维和组织的赞誉。2005年他们凯旋，我们又去欢迎他们，祝贺雷锋班为老班长增光添彩。

《雷锋班的故事》

　　2004年10月，我退休，这时就有了更多的时间可以常回"家"——雷锋部队——看看，并且总想为雷锋班做点什么，以回报雷锋团、雷锋连特别是雷锋班的厚爱和关照。那年，第二十二任班长是吴锡有，我听连首长介绍了吴锡有带领雷锋班扶贫帮困的感人事迹，他们伸出援手，以"快乐兵"的名义救助辽宁省建昌县魏家岭乡中心小学50名困难家庭的孩子走出困境。为了见到这位一直帮助他们但又未曾见过面的

吴锡有与他帮扶的孩子们

雷锋班叔叔，孩子们在老师陪同下从家乡出发，跋山涉水，步行 400 多千米，终于来到了雷锋团。这让我很感动。

雷锋是 22 岁那年离开我们的，时任雷锋班班长吴锡有刚好又是第二十二任。于是，我萌生了一个想法，从这个角度入手，宣传雷锋班不是挺有特点的吗？当时，我恰巧认识一个朋友，对宣传雷锋很有热情，听我讲雷锋班的故事，他非常感兴趣，我们立即取得了共识：自己出钱，以第二十二任班长吴锡有为原型，拍一部纪录片《雷锋班的故事》！

这件事也得到了部队首长的支持和配合，我们到吴锡有帮扶的辽宁省建昌县这所小学学生们的家里，一件事一件事地了解，一个人一个人地访谈，还组织有学校领导、老师、学生参加的各种形式的调研，很快完成了现场采拍和制作。片子出来后，得到部队首长和地方领导的首肯，分别在抚顺电视台、辽宁电视台播放，还被央视军事频道采用。雷锋班的新作为、新故事再次打动人心，这让我感到欣慰。

我终于为雷锋班做了点事。

雷锋

辅导我一生

雷锋班里过大年

　　这些年，在"反哺"雷锋部队的同时，我也得到"娘家"的很多厚爱和支持，特别是从雷锋班第二十三任班长薛步瑞开始，第二十四任班长黄帮维、第二十五任班长毕万昌、第二十六任班长张阳等，每逢春节前夕，他们带着班里战士，在连领导陪同下，带着米、面等慰问品，分别到乔安山、邓凤兰和我的家里看望，让我们特别感动。我们寻思：咱为孩子们做点什么呢？我们三位老人一起研究，部队毕竟有部队的工作，我们不能经常没事往那儿跑。他们春节不能回家，又多是独生子女，每逢佳节倍思亲，过年会更想家呀！为了能让孩子们也过上一个开心愉快的节日，我们商量好，每年除夕夜，到雷锋班和孩子们一起包饺子。我们各有分工：邓大姐在家里把饺子馅儿剁好，乔大哥和乔嫂子在家里把面和好，我负责把战士们喜欢吃的水果、小食品买好，然后我们三人一起到雷锋班。开始时，连队有食堂，煮饺子方便，后来，部队食堂改由营里统一管理，邓大姐就直接把锅和电磁炉等用具带过去，至今还留在班里备用。

　　大家有说有笑齐动手，包完饺子就煮。第一锅煮好了，孩子们互相谦让，很有家庭的气氛。我们一般不吃，但孩子们执意让我们吃上一个，他们才肯动筷子。

　　你看，班长毕万昌在喂我吃饺子，真是吃在嘴里、甜在心里呀！看到他们吃得那么开心，我们心里乐开了花。

孩子们吃完，收拾停当了，我们才回家和自己的家人一起吃年夜饭。这些年都是这样过来的。2017年，我搬家到了北京，虽然以后再没能和雷锋班的孩子们一起过年，但每年春节前，都会收到雷锋班班长代表全班战士的亲切问候。如今，雷锋班班长换了几任，第二十七任班长牟振华仍在继续与我们保持联系和友谊，让我感到非常的温暖。

包饺子，吃饺子

左一为雷锋班第二十五任班长毕万昌

时任指导员杨加木（现任教导员）

雷锋班的战士们来我们家看望。从左到右：刘康，毕万昌（时任雷锋班第二十五任班长），曲宗明，张阳

新面孔与老传统

2017年，雷锋团升格为旅建制单位，各方面的工作更是蒸蒸日上，不断再立新功：雷锋生前所在旅党委被评为"陆军先进党委""集团军安全稳定工作先进集体"，雷锋班第二十六任班长张阳代表全旅官兵赴京为雷锋受领"最美奋斗者奖""全国五四红旗团委"；旅政治工作部被授予"全国脱贫攻坚先进集体"等荣誉称号。他们在全面做好新时代部队建设的同时，更加重视帮助地方做好培养少年儿童的工作，脉脉相承地把雷锋精神的种子播撒到青少年心田里，像雷锋那样把关心下一代工作做到实处。

抚顺市清原满族自治县北三家镇中心小学（现清原县雷锋小学）遭遇洪灾，校舍被冲毁，雷锋旅投入大量资金和人力，帮助建设一个新校舍，给孩子们创造出一个优美的学习环境，还给困难家庭的孩子们送上书包和学习用品。我目睹了这一切，很受感动。后来，我还被这所学校聘为校外辅导员。

雷锋80周年诞辰，雷锋部队举办了大型纪念活动，邀请我参加且聘我为学雷锋活动特聘顾问，我感到非常荣幸。

2020年疫情防控期间，雷锋连来了十几个雷锋湖南家乡的战士，连队跟我联系，想请我在线上给他们讲一课，讲雷锋，讲他们老班长的事迹，讲我怎么向老辅导员学习的体会。我就和大家一起回忆起了老辅导员雷锋，回忆起了雷锋精神所体现出来的真、善、美。指导员侯伟告

雷锋部队帮建的清原雷锋小学揭牌仪式

视频连线雷锋连

援老抗美五十周年纪念活动

雷锋旅旅长李莹（右一），政委孙树志（左一）给我颁发证书

诉我，新兵们听了很受感动，为自己有这样出色的老乡而自豪。同时又把我讲课的视频及与孩子们互动的情况转发给家长们收看，家长们反响很大，都为把自己的孩子送到雷锋生前所在的部队而感到光荣。

2021 年 4 月，雷锋团退伍官兵联谊会在四川成都举办纪念援老抗美五十周年纪念活动，也邀请我参加，马剑团长还给我颁了奖。

……

这些年来，雷锋班的战士，特别是班长们，虽然一批批离开了雷锋班，有的复员，有的提干走上不同的领导岗位，但因雷锋这条无形的"红线"，我和他们中很多人至今还在保持联系。我们以通信或微信的方式谈心，互相勉励。

对那些当年的老领导，我也一直牵挂着他们。

我在大连金县部队工作时，经常到旅顺看望雷锋连老指导员高士祥老人，每每谈起小时候去连队那些往事时，我们常常捧腹大笑，非常开心。

2018 年 1 月，听说虞仁昌老连长有病住院，我专程从北京坐飞机去上海看望老人家。老人家见到我，激动得流出了泪，紧紧地握着我的手说："我做梦也没有想到你大老远地来看我，雅娟，太感谢你了！"他病中还没有忘记问我的儿子："小石头还好吧……" 2019 年，去上海

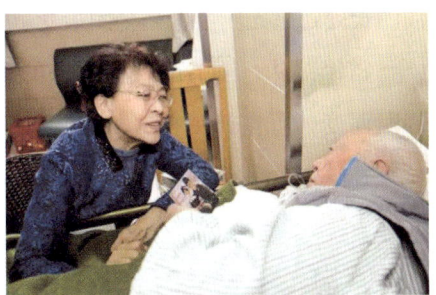

左图：1992 年冬，老指导员高士祥（左三）和虞仁昌老连长（右二）利用到抚顺开会的机会，到家里看望我们一家三口人
右图：去医院看望虞仁昌老连长

开会时，我又去他家里看望。这次再见到老连长，他身体恢复得很好，老人家红光满面，说话底气很足。2022年的他已经93岁高龄了，还在为弘扬雷锋精神奔走。"雷锋精神是中华民族的一座道德丰碑""雷锋精神就是我们虞家的家训"，老连长的这些话，余音绕梁，让我铭记在心。

这些年，雷锋团的老领导对我也是关心备至。记得1981年我刚调到教员岗位不久，原雷锋团曲本正老团长（当时已任原沈阳军区工程兵器材部副部长），去大连金县三十里铺一个部队检查工作时，还专门到训练大队看望我。

左为曲本正，右为欧达龙

那时，我们已经有好多年没有见面了，首长工作那么忙还能想着我，并抽时间来看望，让我真的好激动好感动！他听说我当教员了，就鼓励我："这个岗位很重要，教书育人很光荣……"老首长的亲切嘱咐和鼓励一直激励着我！后来听说他因公去世，我的心里非常难过。

1971年，率领雷锋团赴老挝执行援老筑路任务的，就是他啊……当时，曲团长处处身先士卒，是全团最受敬重的老领导！

雷锋部队，随着时代和任务的变化，在具体地方、具体事项上也在因时而变，可雷锋精神，从老领导到新战士，却一直没有变。

在这里，我们也能真切地感受到"变与不变"的辩证法。

从"叔叔"到"大哥"

对一个人的称呼一般来说是很难改变的，尤其是小时候的称呼。

当年和雷锋一起做我们校外辅导员的，还有另外三位解放军战士——齐贵春、于增水、于泉洋，他们都是雷锋的同年兵。小时候，我对他们统称"解放军叔叔"，后来虽然长大了，但见面仍然改不了口，还是称呼"叔叔"，其实，他们比我们也就大个八九岁。就为这称呼，经常会引起一些小风波，经常"打嘴仗"。

我印象最深的是1973年我从大连来沈阳参加原沈阳军区纪念毛主席为雷锋题词十周年的纪念活动，这期间又受邀参加抚顺市的纪念活动，雷锋当年的战友也被邀请过来一些，其中就有于泉洋、于曾水、齐贵春、庞春学、曲建文等人。这真是分别多年后的一次大聚会，见面那个亲热劲儿，就甭提了。

特别是见到我的辅导员们，我左个"齐叔叔"、右个"于叔叔"，左个"庞大哥"、右个"曲大哥"，这一称呼，有人就挑理了，说："雅娟，这就不对啦，你叫他们'叔叔'，叫我'大哥'，不公平啊！"我说："那没办法，小时候的称呼改不了啦！"站在一旁的庞春学说："你小的时候戴着三道杠经常带着几个同学来咱连，有一次雷锋没在，正赶上我们大扫除，你带头抢着又是擦玻璃又是扫地，还一个劲儿喊我们'叔叔'呢……"这时候有的人又跟着凑热闹："现在我也是解放军，应该和他们享受同等待遇吧？"我说："好哇！我叫你们'解放军叔叔'，你们叫我'解放军阿姨'。好了，平等了！"大家一阵哈哈大笑。

这样的事，我回地方以后，因见面的机会更多了，经常会发生，是"忌妒"还是打趣？都有。

记得2004年我退休那年，我又去辽阳看望我们当年那几位辅导员。这次，我把他们连同家属都请到一起吃饭。在饭桌上，又是一场小风波，称"叔叔"对其家属就要称"阿姨"，称"大哥"就得称其夫人为"大嫂"，庞春学当场"反对"："雅娟，你这也太不公平，这不把我的辈分给降低了吗？让他们捡便宜不行！"于曾水接过话头说："老庞，别吃醋啊！雅娟从小这就是这么称呼的，改不了啦！你就认了吧！"大家一阵哈哈大笑。最后，还是当过团长的于泉洋说话了，他说："我提个建议，咱们也别难为雅娟了，从今天开始，一律称'大哥'，好不好？"大家不约而同地举起酒杯，一致表态同意！

就这样，"叔叔"改称"大哥"，平等了！

50多年来，我无论在学生时代还是走上工作岗位，乃至退休以后，在学雷锋路上一路走来，雷锋团历届在任和离任的领导，一直把我当成雷锋团这个大家庭里的一分子，真切关心、关注、支持和帮助我，给我力量，给我鼓舞，给了我很多学习机会。

从左到右：于曾水，我，齐贵春，庞春学，于泉洋

我特别感谢雷锋团孙承彦团长、张怀先政委、肖林发政委，感谢李莹旅长和孙树志政委等领导。多年来，每当我有了困难、产生畏难情绪、遇到困惑迷茫，他们总是伸出温暖的手，帮我排忧解难，给我无私的帮助，给我信心和肯定，给我鼓舞和力量，让我在学雷锋路上，更加坚定步伐，不断成长和进步！这样的实例实在太多，这里仅举一个。在本书写作过程中，我给肖林发政委发去草稿，请他帮我审核，看是否记错了哪些事实、有什么不合适的地方……我不知道当时的肖政委正在与癌症这个病魔进行着最后的斗争。即使这样，他仍然看完书稿，并在微信里给我发来鼓励的语音，明确地说出存在的问题、应该补充的内容。

本书还没有出版，肖政委就已和我们阴阳永隔，实在让人痛心！如今，本书修订时，我特地加上这个细节，以表达对他的无尽哀思。

我真心感谢雷锋，感谢雷锋部队的亲人们。

我爱雷锋部队，雷锋部队是我永远割舍不下的温暖之家！

009

我亲身感知到的美国人眼里的雷锋

　　有一个名字，跨越地域，穿透四季，轰击着每一个人的灵魂，它就是：雷锋。

　　善良，遇到它产生共鸣；

　　仁慈，遇到它发出和声；

　　自私，遇到它哑然失声；

　　空间，遇到它不再横亘！

我亲身感知到的美国人眼里的雷锋

1990年11月9日，美国《旗帜报》记者米歇尔·G.布朗尼来到抚顺雷锋纪念馆。参观后，他主动在我们同学与老辅导员一起合影的照片背后给我写下这样的话：

With my best wishes, in memory of very moving visit to the Leifeng Museum.

（致以最诚挚的祝福，参观极其感人的抚顺雷锋纪念馆后留念。）

美国记者布朗尼来抚顺采访有关雷锋的事迹，抚顺外事办的领导找到我，让我接待采访，并提示带上和雷锋的有关照片。当时我没好意思带上我和雷锋的单独合影，只带了一张我们一群孩子和雷锋的合影。当他见到我，首先就问："你见过雷锋吗？你们中国真有雷锋这个人吗？"为了更简明地介绍，我把事先准备好的这张雷锋在汽车旁给我们讲节约箱故事的照片，拿给他看。为了证实是真的，我指着照片中正对着雷锋的小女孩告诉他："这就是我。"我接着给他讲了这张照片的故事。他看了照片中的我，又听了我给他讲的故事，高兴地竖起大拇指说："OK！"

为了让他更全面地了解一个真实的雷锋，外事办领导又让我陪他一起去参观雷锋纪念馆。

With my best wishes
in memory of a very
moving visit to the Lei
Feng Museum

9 Nov. 1996
Michael C. Brunning

布朗尼在照片背后的留言

布朗尼"直面"雷锋

可是在参观的过程中，他对雷锋有那么多的照片又产生了疑问。

他问我："雷锋怎么能有这么多照片？"他觉得不可思议。"他做好事不是不留名吗，怎么还有这么多照片呢？"我跟他讲，雷锋从在家乡当农民的时候，就是一个非常优秀的拖拉机手；到工厂当工人的时候，也是个好工人，仅仅两年，他就3次被评为先进工作者、5次被评为红旗手、18次被评为标兵；当兵，是毛主席的好战士，他的先进事迹哪儿都在传播。因为特别优秀，雷锋还被选为抚顺市人大代表。

我说，雷锋很早就出名了，很早就是个非常优秀的人，因此经常被请出去做报告。雷锋做报告，部队就有人陪着他；因为他是典型，就有人记录他的一些活动，照相就是一种记录手段和工具。这是一方面。另一方面，雷锋做的一些好事，回过头人家寻找这个解放军战士，部队这才知道是雷锋，为了宣传雷锋事迹的需要，部队曾经补拍了一些照片，但事情都是真实的。

我对布朗尼继续说道："你看，我和雷锋看画报这张照片，可以说是补拍的。因为记者采访我们，听我们讲和雷锋在一起的故事，比如，当时雷锋给我们讲《解放军画报》中战斗英雄的故事，让我们从小学英雄、长大做英雄，那么为了让大家知道雷锋怎样辅导孩子们，怎样培养接班人，记者就根据我们讲的故事、按照雷锋辅导我们的情节，补拍了这张照片。"因为我是见过雷锋的人，又有真实的照片，所以他听了之后不住地点头，说："哦！原来是这么回事。雷锋真伟大！"

他终于弄明白了和平时期怎么还能有雷锋这样的英雄。整个参观过程中，他一直拿着我给他的照片看，临走时主动在这张照片的背后写下了上面的话。我不懂英语，也记不住那上面怎么念、什么内容，事后懂英语的人告诉我，我才明白他说了什么。我想，他说的是真话，因为从他来抚顺雷锋纪念馆后的一举一动，乃至每个眼神中，我是能感觉得到的。他从不信到最后完全相信了中国真有一名伟大的战士雷锋，这本身也是雷锋精神感召力的一个实例。

辅导我一生

1990 年 11 月 9 日的这张照片，特别珍贵，它是外国人从不信雷锋到相信雷锋的一个重要见证、记录，也就是说，是一个重要的物证。

让人与人之间，在关爱的温暖氛围中，开心、开放、开化、开悟；让人与人之间，走出孤独、封闭、自私、原子式的狭隘，在我帮人人、人人帮我中壮大，在我爱人人、人人爱我中温暖，在人人皆我、我即人人中升华。

这样一种闪现着人性光辉的雷锋精神，何愁不会跨越国界？

这样一种温暖人心的雷锋精神，何愁不会化掉人性中自私的坚冰？

010

回到雷锋故里

母校 / 扫墓 / 老师与工友

　　我愿做高山岩石之松，不做湖岸河旁之柳。我愿在暴风雨中艰苦的斗争中锻炼自己，不愿在平平静静的日子里度过自己的一生。

——雷锋

母校

30 年前，也就是 1991 年 3 月初，我作为由抚顺市委、市政府组织的、由时任抚顺市副市长孙守欣带队赴湖南长沙友好访问团的成员，第一次有幸来到雷锋的故乡，参观了老辅导员的母校。

当我轻轻地走进他读过书的教室，静静地来到他用过的课桌旁，小心翼翼地坐在他当年上学的凳子上，环视四周，想象着 60 多年前那个课堂的情形，静静地体会他当时上课、写字、回答老师的问题，与前后相邻的同学讨论和交流的情形，仿佛看到了戴着红领巾的雷锋就在我的身旁，就在我的眼前。他似乎在说，有学上是多么不容易，看似费力的学习其实多么的幸福啊；学习再累也没有给地主当牛做马累，再苦也没有受地主欺压鞭打苦！

在这次访问活动中，我们还参加了长沙市组织的雷锋塑像奠基仪式，我亲手为老辅导员塑像的奠基石培上了土，虽然铲土仅仅是个仪式，可我仍然那么用力、那么用心。我铲的土不仅仅是土，在我的心里，它是我和雷锋的一种特殊沟通方式，一块块胶泥铲起来，仿佛是一句句话语在交互。虽然这只是雷锋的一尊塑像，可它让我觉得，我们正把长眠不起的辅导员唤醒。

30 年后，2021 年 5 月 30 日，我又有幸应邀参加雷锋母校 —— 湖南长沙新区雷锋二小"喜迎建党百年、庆'六一'儿童节"活动。当我再次走进雷锋的母校，仿佛又看到了雷锋叔叔就站立在欢迎我们的少先

1991年3月5日，抚顺市赴长沙学习代表团参观雷锋母校

1991年3月5日，参加雷锋塑像奠基仪式

队员中，满脸洋溢着那熟悉的、亲切的微笑，我的双眼模糊了，仿佛置身于当年雷锋叔叔和我们在一起的情景中……你看，这里有雷锋叔叔的气息，有雷锋叔叔的影子，有雷锋叔叔的足迹，有雷锋叔叔的红色基因，有雷锋叔叔太多太多的故事！

当少先队员给我戴上红领巾的那一刻，我不由得回想起当年我给雷锋叔叔亲手戴上红领巾的那个幸福时刻。也是在这样隆重热烈的大队会上，看着我眼前的少先队员，我仿佛看到了当年的自己。时间就是这么不可思议。30年过去了，如今到了垂暮之年的我，又荣幸地被雷锋母校聘为"荣誉校长"，当现任校长刘丰华老师将聘请书郑重地交到我手中时，我感觉是那么有分量、那么有温度、那么有深意。这不仅是学校广大师生对我的信任和厚爱，更是把对曾经培养出来的雷锋从一个人延展到一群人、从一所学校延展到一系列学校、从一个地方延展到一个国家……

再次置身雷锋母校，走在雷锋生前上学、生活过的地方，那一砖一木、一草一树，我都认真抚摸、久久凝视，我的脑海中在极力探寻60

和雷锋母校的孩子们在一起

回到雷锋母校，回到美好的时光里（摄影 谭卫兵）

左图：左一为雷锋连第十二任指导员欧阳华初，右一为雷锋母校荣誉校长谭卫兵
右图：雷锋母校时任校长刘丰华（右一）给我颁发证书（摄影 谭卫兵）

左图：在雷锋母校给孩子们赠书（摄影 谭卫兵）
右图：雷锋母校李寿颐书记（左一）（摄影 谭卫兵）

多年前雷锋的身影、声音——他五年级时用人们能够接受的鲜活、轻松的方式上夜校给村民扫盲，参加文艺表演时因太入戏而追入后台要真打扮演坏人的演员，小学毕业时到台上讲述自己人生三大理想的那种主动和憧憬……雷锋，依然是那么鲜活，依然是那么有穿透力，依然能带给人太多的感动和感悟！

因此，我给现在的孩子们带来了一个小小的节日礼物——200本雷锋彩色画集。一页页画面，在讲述着雷锋叔叔昨日的故事；一张张图片，再现着雷锋叔叔的音容笑貌。孩子们捧在手上，乐在心里。我真切地期望，雷锋精神从画册中、从母校的培养和历史记忆的熏陶中，鲜活地走进孩子们的心田，深深印刻于孩子们的心灵；雷锋精神的种子，在孩子们心田里不断地生根、开花、结果！

扫墓

在刘丰华校长和雷锋母校荣誉校长谭卫兵的陪同下，我们一起来到雷锋父母的墓前，给二位饱受旧社会之苦后含冤而逝的老人扫墓。当我拿着抹布清理碑上灰土时，我默默地向二老心语："我是你们的好儿子雷锋生前辅导

2021年6月1日，给雷锋父母扫墓（摄影 谭卫兵）

过的学生，今天来看你们了，这是我多么长久的期待啊！我告慰二老，你们的庚伢子虽然英年早逝，但雷锋的名字流芳千古，雷锋精神永世传代！他是平凡人中的大英雄，不仅是中国人的骄傲，也是世界的精神财富！有这样的儿子，你们该是多么骄傲和自豪啊！古人讲立功、立德、立言'三不朽'，你们的儿子做到了，在这个意义上说，物质生命的长度固然重要，但精神生命的长度更有价值。"

二老，我国著名诗人臧克家先生的这首《有的人》，你们可听过？

有的人活着，他已经死了；

有的人死了，他还活着。

……

老师与工友

扫墓后，我们一行又去拜访了雷锋唯一健在的老师常业勤。她老人家当时已经87岁，身体还不错，很健谈。老人家听说我是雷锋生前辅导过的学生时，对我格外亲热，一直拉着我的手，给我讲述雷锋小时候的故事。

她眼里的雷锋，不仅是品学兼优的好学生，还是一个非常懂得感恩的好孩子。后来尽管转学了、工作了，但他只要有机会就往学校跑，去看望教过他的老师们。老人家最后动情地说："在我的心里，雷锋不仅是当年那个聪明、活泼、勤快、乐于助人的好孩子，他也是值得我一辈子学习的榜样，我也要活到老学到老啊！"老人家的一席话让我特别感动。

临别时，老人家给我签名留下了鼓励的话语。我是多么的荣幸，不仅得到了雷锋的辅导，也得到了雷锋老师的辅导！

随后，我们又来到雷锋工作过的团山湖农场，拜访了他当年的工友张建文和李湘枚。他们都比雷锋大，虽然都已是八九十岁的老人，但一提起雷锋，一讲起和雷锋当年在一起的往事来，便滔滔不绝、赞不绝口，你都插不上话！从中看得出，他们对雷锋的感情和雷锋带给他们的骄傲与自豪，是多么深厚！更让我感动不已的是，他们虽已步入耄耋之年，还在坚持学雷锋，还在传承雷锋精神，继续发挥着他们的光和热！

一个雷锋倒下去，千万个雷锋站起来。这就是雷锋精神的感召力和影响力！

2021年6月1日，雷锋当年的老师常业勤（左三），雷锋母校时任校长刘丰华（右一），雷锋母校李宁主任（左一），常老师女儿（左二）（本页照片摄影 谭卫兵）

我和常老师幸福地在一起

常老师手迹

这是2021年6月1日的合影。左一为现任雷锋母校校长刘丰华，左二为原团山湖农场的雷锋工友张建文，左三为原团山湖农场的雷锋工友李湘枚

011

最崇高的荣誉

荣誉是一堆火，熏烤着人们冰冷的手。

荣誉是一首歌，激励着人们奋力向前。

荣誉是一把尺子，丈量着过往的行为。

最崇高的荣誉

辅导我一生

几十年来，我经常到全国各地讲雷锋，会和不同的人真心分享自己小时候雷锋做我们辅导员时的故事。有人问我，你怎么什么事都能记住？我自豪地说，因为我是"雷锋辅导过的学生"，从我拥有这个身份、荣誉的第一天起，它就成为我的终生记忆、永久标签和不息的火炬。不管别人理解不理解，我所有的行为，早已和雷锋教我们做人做事的道理息息相关、久久依归。

所以，别人问我为什么讲起雷锋和我们小时候的事情时，记得那么清楚明了，我这样回答："因为我愿意听雷锋的话，也非常相信他。再者，很小的时候，我就开始讲雷锋的故事，人们也找我了解雷锋。从小讲到老，几十年了，年年都讲，肯定记得住，怎么能忘得了？"

当时，我们同学都愿意认真听雷锋的话，他说什么，我们都信，而我们只要按照他说的去做，最后发现都是对的。所以，我在学校的表现得到了老师和同学们的肯定。从上小学一年级开始，我每年都被评为三好学生。后来到了中学，我也记着雷锋说过的话，积极上进。中学时，我是第一批入团的，又是团支部书记和学校团总支委员，我所担任小组长的"雷锋辅导学生学习小组"还被学校评为学毛著先进小组。

我和雷锋接触的时间虽然不长，但是给我一生的影响、教育却非常深刻，非常久远。

作为雷锋辅导过的学生，因为有这段经历，在后来的人生路上，它激励着我首先要做一个好人。如果遇到一些事情不好分辨的时候，我总是想到雷锋，想到他说的话，想到我是雷锋辅导过的学生，就知道如何去做了。即使受委屈、吃亏，也不能损人利己。

作为雷锋辅导过的学生，因为有这段经历，在后来的人生路上，它激励着我要做好事、做对别人有益的事。凡是不正当、不合法、不合规的事，好处再多，我也不做；凡是正当、合法、合理、有益于大家、有益于社会和国家的事，困难再大，我也愿意去做。

总之，不管在哪儿，我就记住一点：我是雷锋辅导过的学生。我虽然没有更多的能力为雷锋争更大的光，但最起码，我能做到不给他添污点，不管在什么情况下，坚持力所能及地做好自己该做的事，在学雷锋的路上努力做更好的自己！我觉得只有这样，才不仅对自己有了交代，也对雷锋有了交代，对所有帮助过我的老师、领导、同志、战友、朋友有了交代，对哺育我成长的父母亲人、党、国家和社会也有了交代。我问心无愧。

全国军转表彰会议代表合影，前排右五是我

全国下一代金星奖章抚顺颁奖仪式，后排左四是我

　　我也是正常人，是和大家接受同样教育的人，没有比别人高多少的知识和能力。我做任何事情，从来没有想过要得到什么、争到什么。善待他人、做好自己就完了。我无论走到哪儿，到部队也好，到地方也好，一直是这样。我一辈子就是这么想的，也是这么做的。

　　一路走来，我获得了很多的荣誉，但我最看重的是"雷锋辅导的学生"这个崇高的称谓，这是我至高无上的荣誉，也是我用生命去呵护的荣誉。

　　半个多世纪以来，在雷锋踏出来的路上，涌现了许许多多的传人，他们的步伐传递出这样坚定的声音：无论谁走在这条路上，都会找到真正的人生，都会成为利国利他的公民。

　　　　这是一条真正的路，虽然充满了得与失、荣与辱的纠结，虽然充满了爬坡过坎的艰难，但那种共享、共乐、共进的温暖，如寒冬的热浪、夏夜的凉风，永远给人以灵魂的涤荡、精神的刚强！

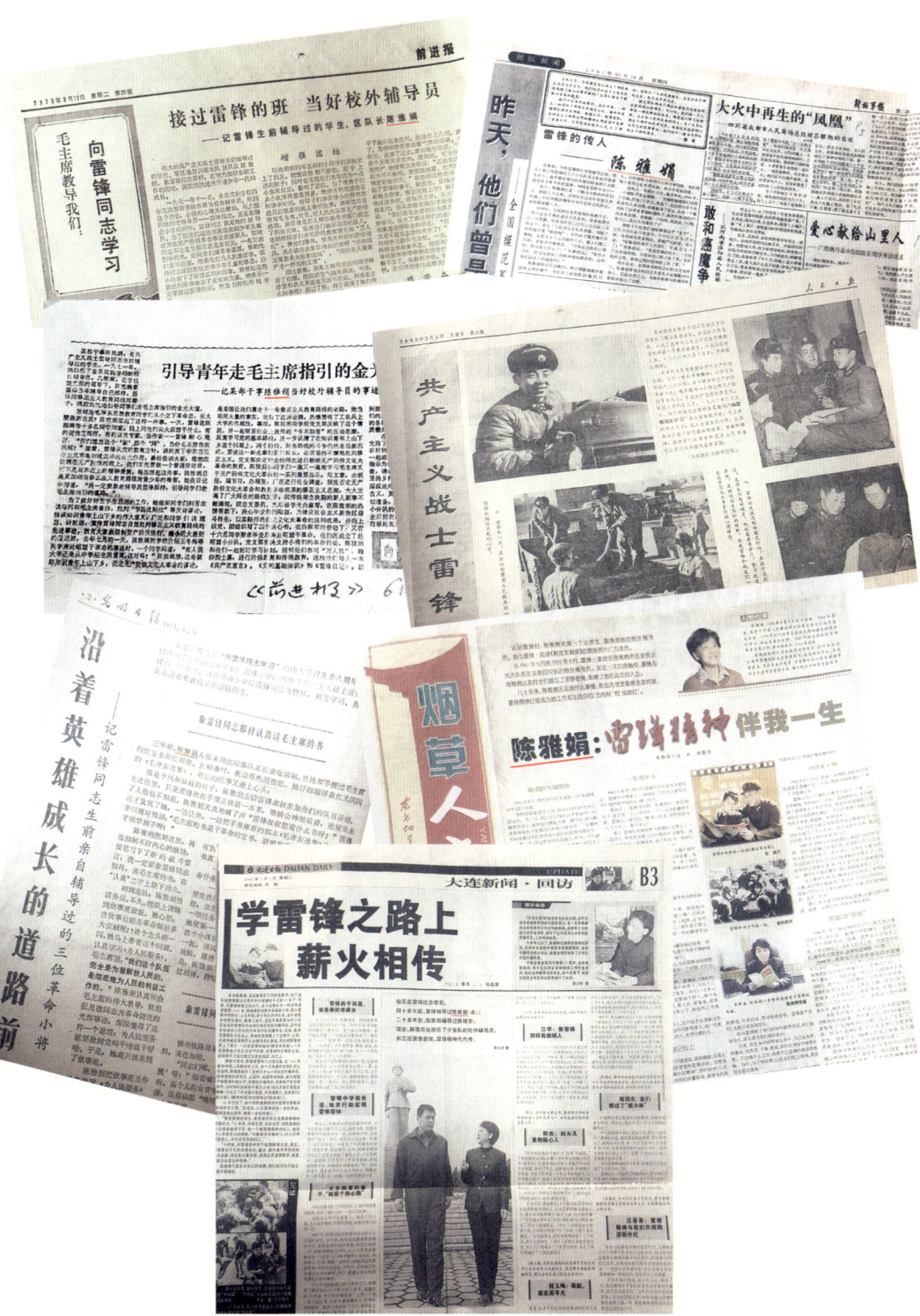

媒体报道一角

012

润物细无声——
感悟雷锋

感恩没有终点 / "累"与"躺平" /

想过"脏"的后面是什么吗 / "苦"的滋味里有"甜"吗 /

闻过则喜的雷锋 / 成功的平凡人

一个普通人如何清零过去，变苦难为正能量，一步一步走向越来越美好的未来？

回望雷锋，即可释疑解惑。

感恩没有终点

60多年来，"学雷锋"几乎成了一种约定俗成的做人做事的准则。可是，有些人学着学着就走了样，或者往往学不到位。

原因何在？

成为孤儿、心理上不堪凌辱、身体上经历忍饥挨饿的煎熬……这些不可思议的苦难发生在雷锋身上，若是让今天的我们直面，一些人内心的感想和可能的行为或许会是"内卷""吐槽""愤青""佛系""躺平""摆烂"……

雷锋是怎么面对的？

他的方法是，把旧社会的苦难通过倾诉（批斗地主大会）、富有仪式感的告别（用文字写成苦难家史）、施别人以援手、感恩回馈等方式，开始积极地转化为生活和奋斗的动力与目标、转化为自己和他人共同的人生财富，从而让苦难化身为自己的人生导师和力量源泉。

这里，通过一个细节，我们能够有更为直接和形象的感受。雷锋多次请冯健姐姐讲她见到毛主席的情景，每次都是边听边问，一个细节也不放过。正如他所说的，没有毛主席，没有人民解放军，就没有他家乡的解放，就没有他的翻身得解放，也就没有他上学、工作的新生活。这么大的恩情，你说，他怎么能不感恩！

更难能可贵的是，苦难让雷锋悟出了感恩的真谛。虽然没有了亲生父母，没有了家，但是他找到了他认为更好的母亲——共产党和更大的家——新中国。雷锋的个人感情和人生格局，因着这样的感念，而变得更大、更开阔。于是，感恩后的回馈，就不单单是某个人、某个团体，而是整个国家以及它的人民。

参军后，他一篇口述文章的标题《解放后我有了家，我的母亲就是党》，充分表明了他的心路历程。他认为自己的家就是"国家"，母亲就是指引这个国家的"党"，是这个新的母亲让他又有了

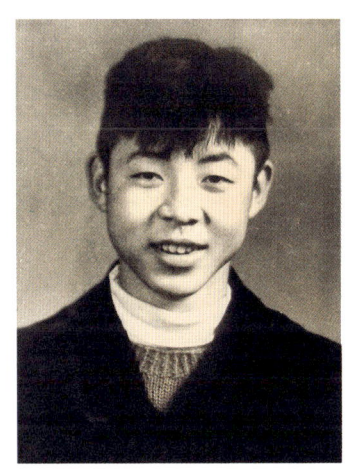

1958年成为拖拉机手的雷锋

家。他把自己成为孤儿之前对家人的小爱，转化成了对国家和"党"这个母亲的大爱。雷锋是个懂得感恩的人。他在新中国这个大家庭里，愿意帮助任何需要帮助的人，因为他觉得，在这个新社会里，人人都是自己的家人。

雷锋对感恩这种认识上的转换历程，让我们明白，感恩其实就是由己及人的换位思考，就是"己所不欲，勿施于人"的践行，就是"一个好汉三个帮"的共情、共享、共商、共进，就是"以德报德、以直报怨"的打开和宽容，就是跳出自我小天地、走进开放大世界的境界。

这是一个极为深厚和温暖的大世界，需要我日日新、月月新地去感悟、去琢磨、去体味。我的好辅导员雷锋，把我引进了这座宏大的殿堂，让我在反哺母校、雷锋部队以及张峻叔叔等方面，有了具体而微的认识，但仍然需要继续深入领会、感悟和践行。我懂得，格局没有止境，感恩没有终点。

什么叫善举？做了好事，不留下痕迹，也就是说为善要不求人知，而且要自自然然地为善，不要刻意做作。雷锋的一切行为和动机，有如孔子所言的"不践迹，亦不入于室"，这样他才让人感觉那么自然，真实淳朴，可亲可信，没有距离感。

人的生命是有限的，可是，为人民服务是无限的，我要把有限的生命，投入到无限的为人民服务之中去……

雷锋

雷锋手迹

　　感恩，是"兴于诗，立于礼，成于乐"的那种陶然忘机、人我合一的自然行为；善行，是"仁者爱人"那种发自内心的自发举动；善意，是"恻隐之心"所生发的温暖真情。因此而形成的大格局，如同太极那般，风行水上，润物无声。

　　善，诚为之，才是真善。

　　名，徒为名，那是虚名。

"累"与"躺平"

新技术的不断发展、人工智能的日益深入，使过去很多费力、危险的工作变得轻松、安全起来。然而，现代人似乎越来越倾向"躺平"，不愿在工作上过多付出。

让我们走进60多年前鞍钢化工总厂洗煤车间。当时，摆在雷锋面前的，是要先从学习C80苏式重型机械驾驶开始。这种车驾驶起来震动极大，劳动强度也大，冬天顶风冒雪在露天煤场作业，又脏又累又冷，刚从温暖的南方过来的他，受得了吗？

雷锋个子比较矮小，在师傅和领导有点怀疑的眼神中，他每班都早来晚走。跟在师傅身边，认真地保养、维修、熟悉机械，仔细观察、询问以掌握各种零件的性能、用处和汽车操作的规律，还帮每个人做这做那跑前跑后。这样，不到一个月，他就能单独驾车作业了。

C80推土机机头很高，雷锋是小个头，坐着开车就看不到前面的大铲子，因而这样不便于操作；站起来开，车子一路颠簸，车棚盖又总是碰脑袋。所以，他不得不猫着腰开。这样，每天干完一班8个小时，腰酸腿痛是再平常不过的事了，但他从没有说过一声累。白主任见雷锋虽然技术没得挑，但开大车实在太吃力，几次想给他换个小车型，好让他稳稳当当地坐着开，可是磨破了嘴，雷锋就是不肯换，他说："开大车能多干活。"

多好的孩子呀！白主任打心里喜欢这个倔强的小伙子。

就是这样近乎无视"累"的精神状态，使得雷锋做学徒仅4个月便完成了和李师傅的师徒合同中要求完成的全部技术学习，几乎每周都被评为生产标兵，成为职工夜校优秀兼职语文教员，还出席了鞍钢青年社会主义建设积极分子大会。不到19岁的雷锋，成了鞍钢最年轻的先进工人。

雷锋这些感受和做法，给了我很大的启发。所以，在日后的学习、工作和辅导学生过程中，我早出晚归，没有节假日或休息日，常常回到家里倒头就能睡着。丈夫老吕看着都心疼，但我不觉得有多累，因为这是在做自己喜欢的事情，再苦再累也心甘情愿，都能一笑而过。

雷锋的教育和启发，已经让我不再纠结于表面上的那些东西，而能透过现象看到更深层的意义。一些亲友和领导、同事心疼我，我很感谢他们，也理解他们，但那些累，在我这儿已经常处于一种被无视、忽视的状态了。当面对现实的种种负重、种种压力时，与其不抵抗就缴械投降、选择"躺平"，不如迎"累"而上，或许便能"柳暗花明又一村"。

孔子有句名言，"乐在其中"，用今天的话来说就是——自己有自己的乐趣。这样，就会"乐以忘累""乐以忘贫""乐以忘忧"。

从南方到东北的鞍山当工人，1959年2月雷锋和同事被评为红旗车组时的合影（后排右二为雷锋）

想过"脏"的后面是什么吗

这张照片是当时的全国劳动模范冯健大姐送给雷锋的。

冯健大姐高小毕业后回乡参加农业生产，带头为合作社养猪，18 岁加入中国共产党，被评为全国青年社会主义建设积极分子，曾经 3 次见到毛主席。湖南省报《新湖南报》曾经发表"向冯健同志学习"的文章，望城县号召全县青年向冯健学习。那时，高小刚毕业的雷锋选择回乡做新式农民，就是受她的影响。1956 年，国家号召各地农村"大力发展生猪业"支援

深刻影响雷锋的劳模、3 次见过毛主席的冯健

国家建设。作为望城县农业社示范点，冯健所在的西塘高级农业社建立了社办养猪场。

大家都知道，养猪是又脏又累的"苦差事"，名声也不好听，尤其是女孩子养猪，可能面临"嫁不出去"的问题。因此，个别年轻人对此敬而远之。可冯健大姐辞去高级农业社第二社长的职务，转身成了社办猪场的饲养员。她认为："养猪是大有可为的事业，1 吨猪肉可换回 6 吨钢铁，养猪既能支援国家建设又能大大提高社员收入、满足人民群众生活需要，这样的好事为啥不干？"为此，她积极推广良种猪，还在农机

部门技术人员的支持和帮助下，设计制作了一种脚踩滚筒式三用机（切丝、切片、切碎），大大提高了切猪饲料的效率。科学养猪见到成效，掌握知识的年轻人彰显出自己的特点和作用，这种影响在当地迅速地扩展开来。于是，自从冯健大姐担任养猪队长之后，农业社的女青年纷纷申请到她所在的养猪场担任饲养员。冯健大姐后来被评为"全国青年社会主义建设积极分子"，的确实至名归。

所以，当时的望城县委张兴玉书记笑着对雷锋说："你这位姐姐可不一般，她叫冯健。她是共产党员、省劳动模范、全省有名的'养猪妹子'，还是全国青年社会主义建设积极分子，上北京见过伟大领袖毛主席呢！"

自此以后，雷锋见面就十分亲热地称呼冯健为冯健姐姐或健姐，冯健大姐叫他小雷，把他看成亲弟弟一样。从1956年冬结识，到1958年11月中旬从湖南长沙出发奔赴鞍山，在这将近两年时间的相处中，阳光、思想活跃、有理想、见先进就学的雷锋，给冯健大姐留下了深刻的印象，而冯健大姐开朗、上进、创先争优、吃苦耐劳、干中学、学中干的精神，也给雷锋带来很大的影响，并在望城、鞍钢和部队鲜明地体现出来。

无独有偶，我入伍到部队后，也曾养过猪，体验过这种所谓又脏又累的"苦差事"的滋味。如果说，一点也不觉得脏，那不是真的，关键是你怎么认识和对待。当时，我们为了不给国家增加负担，自发地开展了诸如养猪、种菜、种粮

与冯健大姐在一起

食等活动。因而，虽然有点苦、有点脏，但一想到这个工作是为了使连队自力更生，能解决伙食来源、提高生活质量，我的内心是快乐的、自豪的。冯健大姐不嫌脏，雷锋干活时满身油污也不觉得脏，是因为他们看待诸如此类问题的视角和一般人不一样。这样，跳出自我的小圈子来看问题，视角开阔了，思路就会打开，认识也随之发生变化。

因此，冯健大姐不仅是雷锋的榜样，也是我学习的榜样。而榜样的力量，对于一个人选择干什么样的工作、走什么样的路、做什么样的人，有着巨大的影响力，虽然这种影响往往是隐性的、看不见的。正因为看不见，所以多年来，我才一直在思考雷锋的成长和榜样的关系。通过冯建大姐这个榜样，通过对待诸如养猪这类苦与脏的事情，我真切地感受到了。

孔子说，子路穿着破旧的袍子，与穿着皮袍的富人站在一起，丝毫不会自惭形秽，这才是对富与贵、脏与净、美与丑的正确认知。数千年过去了，这个道理仍然闪烁着智慧的光芒。

"苦"的滋味里有"甜"吗

雷锋曾经在一段赠言中写下这样两句话：

辅导我一生

> 船，
>
> 乘风破浪才能前进；
>
> 人，
>
> 克服困难才能生存。

随着年龄的增大、历练的增多，我才明白了这些话的真正含义。它绝不是为追求词语的华丽写出来的，而是来自雷锋自己经历了那些切身之痛后的感悟。

1940年12月18日，雷锋出生在一个贫苦的农民家里，不到5年的时间，旧社会残酷地夺走他5位亲人的生命。他还不满7岁就成了孤儿。妈妈临死前的嘱咐他永远也忘不了："要记住，亲人都是怎么死的！"

苦难的童年，留给小雷锋巨大的心灵创伤。经过了这个苦的煎熬，以后无论面对什么苦、累的问题，雷锋都能轻松面对。因为与小时候吃过的那些苦、受过的那些累相比，以后的那些苦与累，只能是小菜一碟，那能算什么呢？这样来看，苦与甜，是一个相对的命题，没有苦，整天吃甜食也不会觉得有多甜；经过了苦的煎熬，才能真正感受到甜的滋味。

摄于 1961 年冬天（摄影 周军）

靶场练射击（摄影 张峻）

苦难是金，良药苦口利于病……这些千百年来的教诲，是植根于深厚的生活经验中的。

这样一来，我们还怕什么苦呢？

可以说，这是我所理解的雷锋对"苦"的认识。而我呢，作为一个在城市里长大的女孩子，从小没有生活在雷锋小时候受苦的那种环境里。可是，缺衣少食、部队冰天雪地的严寒、当话务员和男同志一样爬树架线、当饲养员为了掌握如何科学喂猪而尝猪食、当派出所所长面对烟贩子的好勇斗狠……这些就是在我的环境和时代中遇到的所谓的苦和困难。

其实这仅仅是表面意义上的"苦"，因为有更大的理想和追求、更重要的事业与工作，因此在内心里我从不认为这些是苦。所以，我才能够一路走来，苦中寻乐，心无旁骛，这都是雷锋给我启发和教育的结果。

每当想起雷锋的苦难童年和他吃过的那些苦，再看我曾面对过的那些事、那些环境和那些人，又算得上什么苦呢！这些经历只会让我的内心更宁静、前行的脚步更踏实。

> 人生苦短，何必让所谓的"苦、累、脏、陋、傻"之类的杂音占去宝贵的时光呢？
> 超越苦，就脱离了苦海。

闻过则喜的雷锋

古人云："人非圣贤，孰能无过。"雷锋虽然是我们眼中完美的辅导员，可是，他也是像我们一样的普通人，也有缺点。但不同的是，雷锋"闻过则喜"，能够及时地改正错误。这一点不仅十分难得，而且是他不断成长、不断进步、不断提升自己素养的一个重要原因。

来到鞍钢后，雷锋整天忙于研究、掌握驾驶推土机和工作，业余时间几乎都在车间度过。看着他整天穿着油乎乎的工作服，好心的同事就提醒他：买点新衣服，穿着干净的衣服出去看看外面火热的世界。雷锋听后，也觉得这话有道理，于是去商店买了一身比较"潮"的行头。工友们看到后，都说雷锋更漂亮了。后来望城县委书记赵阳城来信提醒他，现在大多数全国人民的生活都很一般，来鞍山这么好的地方，一定不能忘了本，不能忘了广大的人民群众。自此以后，雷锋就很少穿这身漂亮的行头，也不再在这方面花钱了。他仍然过着艰苦朴素、勤俭节约的生活，终生都没有再这样花钱。一个 20 出头的男青年，正处于风华正茂、爱美爱潮流的时期，雷锋能够彻底做到这一点，真的十分难得。

1998 年年初，和我一起从央视《实话实说》的节目——"和雷锋在一起的日子"——现场走出来后，张峻叔叔感觉意犹未尽，就与《抚顺日报》记者齐九鹏谈及了一件鲜为人知的雷锋往事。那是 1961 年，雷锋在某地做报告后，军报记者周军和他说，这次雷锋做报告，口气有点大，在台上他说要做黄继光第二，让人听了不舒服。他应当说向黄继光学习，这样大家就好接受了。因此，他请张峻叔叔回去代为反映一下。

张峻叔叔通过多次采访、摄影，了解雷锋，也喜欢雷锋，就找到原沈阳军区工程兵政治部宣传处王学廉处长，把周军说的情况做了汇报。雷锋由于多次做报告，也熟悉了报告内容，就时不时脱稿讲，偶尔有游离于主题之外的不妥之处，部队领导已注意到。于是，王处长找雷锋谈心，告诉雷锋以后做报告不能把话说得太大、太过，如"做黄继光第二"之类的话就不太恰当。王处长继续说，虽然自己没有什么特别的想法，但别人听了有可能就多想，这样会给自己带来一些不该有的负面影响。雷锋虚心地接受了领导的意见，在日后的言行中很好地贯彻落实下去。

张峻叔叔说，雷锋有记日记的习惯，这一点从他的日记中也能得到印证。"雷锋，你不要骄傲……"这段自白，张峻叔叔说，让他深深感受到雷锋闪现于平凡和伟大之间的人格魅力。这是一句感悟极深的概括。用齐九鹏报道中的原话来解释，那就是："正是在不断修正自己、完善自己的过程中，雷锋才成长为一名伟大的共产主义战士，使'雷锋精神永恒'。"

我经常回味张峻叔叔这些话。对照着雷锋留给我的印记、对照自己的言行，经常在脑海中、在心里进行自查。比如，在与大家合影时，我是否无意中站到了醒目的位置；在与大家说话时，我是否有点骄傲自大；在办事情时，我是否计较利害得失或敷衍了事；在帮助别人时，我是否会不经意间让人有居高临下之感……

这让我想起了1962年7月29日雷锋写的日记："我是个共产党员，对别人的反映和意见不能拒绝，哪怕只有百分之零点五的正确，也要虚心接受。现在有的同志还不了解我，冤枉了我，使我受点委屈。这也没什么，干革命就不怕受委屈。'没做亏心事，不怕鬼敲门。'我没有这回事，就不怕人家说。"

"永远做一个人民的小学生"，永远一心一意地学习、工作、服务，自然就成为他知过必改、闻过则喜的动力和源泉。

成功的平凡人

我们和雷锋，同是普通人，同在平凡的岗位上工作，同在平凡的日子里生活，他所做的事也都是我们生活中经常遇到的平凡小事。平凡的雷锋之所以伟大，就在于他把这些小事当成自己的大事，一心一意地去做好、做实，真正把毛主席讲的"最难的事"做好了："一个人做一件好事并不难，难的是一辈子做好事，不做坏事。"在这个意义上说，雷锋是个成功的平凡人。

故此，平凡的人们在日常生活、工作中都能够感受到他的气息并从中获得启发、帮助和教诲，雷锋似乎随时随地都能被感受到，自然地和人们就没有了距离。

雷锋为什么能做到与人零距离？记得他曾经说过："爱党，爱祖国，爱人民，爱身边的每一个人，对他们有了爱心，才能做到热心地为他们服务。"数十年来，我的理解是：爱心，是救人于危难之中的义不容辞的正义心，是扶危济困的帮扶心，是不分彼此的同理心，是因感恩而产生的报答心，是仁者爱人的仁义心。有了这种爱心，雷锋自然会和大家打成一片，凝聚起彼此的信任和理解、挂念和关心之情。

感情的纽带就是用平凡事情的藤条编织起来的，它在平凡的事情中被人们感受到，在平凡事情的日积月累中蓄积能量、传递温度。平凡基础上的累积，再加上烟火气息烘烤后的亲切，就形成了伟大。

所以，雷锋才得到人们的敬爱、敬重和认可；

所以，雷锋才不仅是中国的，也是世界的；

所以，雷锋精神才不仅感动了中国，也感动了世界。

那是 1972 年冬季的一天，我的老父亲和他的一位同事一起出差来山东。因交通不便，当他们来到县城时已经是深夜了。外面很冷。他们一连敲了两家小旅店的门都没有人应声，就在焦急地继续寻找时，突然看到不远处的一家旅店还亮着灯，于是他们急步走过去不断敲门。没想到，店主开门冷冷地说了句"客满了"，回头就要关门。我父亲马上跟进去求老板开恩，想办法让他们留一宿。正在老板往外推我父亲的时候，与他一起来的那位同事无意中看到贴在墙上的一张报纸，上面有我和雷锋一起看《解放军画报》的那张照片，就急忙对我父亲说："陈师傅，你看，这不是你女儿和雷锋的照片嘛！"我父亲一看，马上对老板说："老板你看，这是真的，这就证明我们都是好人啊！"老板一脸不屑地说："别蒙我啦！我还说她也是我的女儿呢！"父亲为了证明是真事，急忙从衣兜里掏出他随身带的照片给老板看，老板一看，这回真相信了，便对我父亲二人说："好吧！就冲雷锋，今天晚上我也得想办法让你们住下。"回来后，父亲的同事逢人就讲："我这辈子也借上雷锋的光了！"

20 世纪 90 年代，我的一个朋友准备去美国打工。当她到美国驻北京大使馆签证时，看到一个个从签证屋里走出来的人，没有几个面带微笑，甚至有的是抹着眼泪出来的，她的心顿时凉了。当签证官喊到她的名字时，她更是忐忑不安地走了进去。这时，只见签证官微笑着问她："你是抚顺人吗？"她回答说："是。"签证官接着问我朋友："那你说说，抚顺最著名的建筑是什么？"

是什么呢？一开始，她真有点懵了，心想："是大伙房水库吗？小时候听说这是亚洲最大的水库了。"又想："是西露天煤矿吗？也听说是亚洲挺有名的。是战犯管理所吗？这也是亚洲唯一的呀！到底是什么呢？"这时候，她突然眼前一亮："是雷锋纪念馆，对，就是它！"于是，她脱口而出："雷锋纪念馆！"这时，只见签证官笑着竖起大拇指说："OK！"然后，就给她顺利地签了字。她拿起签证书出来，立即给我打电话，激动地告诉我："大姐，我签上证了。这次多亏我认识了你，是你经常给我讲雷锋，雷锋的名字在我脑子里才深深地打上了烙印。这回多亏了雷锋，我才签了证啊！"

她到美国几年后的一天晚上，我已进入了梦乡。突然，一阵急促的电话铃声把我吵醒了，我接过电话，听到了在美国的她兴奋地对我说："大姐，我在美国看到你了！"我说："你在说梦话吧！"她说，这是真的，然后给我讲了这样一件事：有一天，她在公司干活时，无意中看到客人坐的椅子上有一本杂志，在上面发现了我和雷锋在一起看画报的那张照片，她立刻指着照片对在场的人（有华人也有美国人）说："你们看！这里有雷锋，这个小女孩是我的一个大姐。小时候，雷锋是她的辅导员。"那几个人看了之后都羡慕地对她说："你真幸福！"本来她在这家公司的合同期快到了，老板知道这件事之后，一高兴，又延期了两年。她兴奋地对我说："大姐，我又借雷锋的光了！"

分享了她的快乐之后，我的心里也感到甜甜的、美美的。辅导员雷锋虽然已经离开我们半个多世纪了，但雷锋的名字、雷锋的伟大精神永远在人间，深深地扎根于广大人民的心中，根植于祖国大地，并且传播到了世界各地，我为之欣慰。

平凡中，一般很少掺杂多余的成分，因而比较纯粹。于是，从平凡的视角看伟大，往往流露出来的感情，真纯的成分更多。所以，我们从雷锋身上，更多感知到的是他平凡中的温度、力度。

高、大、上的感觉，有可能给人一种错误的判断：高就不能低，大就不能小，上就不能下。结果，它就抽离了自己的根基，最终轰然坍塌。

孔子云："吾有知乎哉？无知也。"在这个意义上，南怀瑾先生总结道："知识最高处就是'无知'。"这个总结多么通俗易懂、言简意赅啊！

知识是这样，伟大亦然。

伟大的最高处就是"平凡"。

辅导我一生

感言摘录

雅娟：

　　因前段时间有点事，未能及时拜读力作。最近认认真真读完，大有相见恨晚的感觉。平时自认已经很了解你了，但读书之中却时时感到震撼和激动。

　　我感到本书是雷锋精神在你人生中谱写和怒放的世界上最美丽的心底之歌、灵魂之花！正像冯健同志在序中所写到的："从全书主题、行文、神韵，到书中那一个个令人动容的鲜活故事，大事小情，无处不闪烁着雷锋'人生七问'所蕴含的人生哲理与人文精神的光辉，扣人心扉，大有裨益。"

　　我感到学雷锋做一两件好事容易，但学雷锋做一辈子好事就难了，但你做到了。没想到你是如此志向高远，信仰坚定；不怕困难，坚韧不拔；家国情怀，紧扣时代；真情实感，自然流淌。你有始有终，令人折服，真不愧为"雷锋辅导的学生"（你把他视为最高荣誉）。

　　我感到这本书还好在，读懂陈雅娟的同时，就能读懂雷锋。有陈雅娟这样的学生，雷锋就越发显得伟大、真实。如果每个孩子和年轻人都能读懂这本书，那该多好啊！

　　……

　　雅娟，向你学习，向你致敬！希望更多人像你一样在真学、真懂、真信、真用雷锋精神上下功夫，真正做好雷锋传人。

——孙承彦（雷锋团第十一任团长）

大姐，《雷锋辅导我一生》一书我认真地读完了，写得真好，语言朴实，文笔流畅，既像邻家大姐讲故事，娓娓动听，又像传递雷锋精神的真谛，侃侃道来，受感染，受教育，受鼓舞，尤其是每篇后面的感想和述评，更是神来之笔！因为你我是校友，书中提到的人、事、场景，好多都历历在目，感到格外亲切，大姐就是雷锋精神的传人，大姐也是我学习的榜样，愿雷锋精神永存！

——王建国（抚顺市委组织部原副部长）

雅娟：

读过你发来的《雷锋辅导我一生》这本书之后，我很有感触。

这本书写得很实在，都是用自身的经历和实事说明雷锋辅导你一生和你所取得的成绩。我看完之后觉得很好，内容充实，实事求是。

看了之后我很受启发，在你身上确实体现并发扬了雷锋精神。我为有你这样的好同事感到骄傲和欣慰。

——韩长贵（抚顺市烟草专卖局原局长）

雅娟好！

你的著作我拜读了，但是，我的高压锅烧干了，可能要完蛋了。此书出版规格高，内容真情感人，是一部难得的学习雷锋精神的教科书。雅娟，你学习宣传雷锋精神一辈子的路程实属不易，但，为雷锋精神的弘扬做出了巨大的贡献，在战友之间也是同一个"赞"字。值！向你学习。

——李延苓（曾是我区队长、副中队长、入党介绍人）

大姐：

遵嘱，将书中需要商榷的技术性问题与您探讨。

我看到的失误，在一些书中都出现过，有的已存在几十年了，多次再版，就是不改。……

在大姐的再一版书中，一定不要出现。

（以下，提出具体的修改建议和详细的考证说明。）

……

大姐，给读者一部好作品有多难，您奉献了。出版一部为孩子又献给历史的书有多累，您坚持了。向大姐敬礼！

——褚士奇（雷锋资料收藏家）

前天收到老战友陈雅娟写的书《雷锋辅导我一生》，中央编译出版社出版发行。4个月前看过书稿，许多故事感人至深。60年沧海桑田，烛照后人。陈雅娟勤步蓁迹，学习和宣传雷锋笃情不渝，难能可贵！

——金溪（大连日报社原高级编辑）

尊敬的雅娟大姐好！

半个小时前从外面回来，在丰巢快递柜里取回了您寄来的邮件。上楼后我像是一个期待礼物的孩子一样，急切地打开了包裹，这本和我当年随身学习的《雷锋日记》一样颜色的书，展现在了我的面前。此刻我的心情和50年前（1972年6月28日）收到您的复信时的心境完全是一样的。只是韶华已去，多了几分平静。捧着这本沉甸甸的著作，看着醒目的书名《雷锋辅导我一生》，再看雷锋剪影像下那非常小的几个字"陈雅娟 著"。

无疑，这本书一定是大姐您一生学习雷锋、弘扬雷锋精神的结晶。

能先睹为快，是我的荣幸和福分。

看到这个书名，我想大姐您是道出了全中国几代人的心声。当然，这更应该是所有"雷锋人"的心声。半个多世纪的雷锋精神弘扬传承，为社会主义国家的精神文明建设，树立了崇高而平凡的典型，您和其他"雷锋人"一样功不可没。雷锋精神是辉煌伟大的，可雷锋能做到的事情，善良的人们都可践行。雷锋辅导了您和我们的一生，是因为您和我们很多人都曾经走过雷锋走的路——校外辅导员之路。而"雷锋人"的业绩，更是在影响着所有善良的人的一生。

捧着这本书，说它沉甸甸，是因为我懂得，学雷锋、弘扬雷锋精神，不是一句口号，那是沉甸甸的一份责任。因为我们有了雷锋缘，我们这一生都抹不去雷锋的情怀，这也是我们做"雷锋人"的本分。我们都是这个世俗里的普通人，因为具有"雷锋人"的情怀，"雷锋人"的付出一定会比寻常人要更多，但大家都无怨无悔，因为是在践行"把有限的生命投入到无限的为人民服务中去"的雷锋精神，就像您在这本书的扉页上给我的寄语留言一样："学雷锋永远在路上！"

愿我们在弘扬雷锋精神的大道上携手并肩，把雷锋的旗帜传扬到永远。

您的这本著作，我要把它当作晚年提高生命质量的精神食粮，精读细品，汲取营养。并把它收藏起来，传承给我的外孙，愿他长大也能成为传承雷锋精神的新一代"雷锋人"！

感恩大姐的关爱！

儒弟军礼致谢！

——老战友邢桂儒（原辽宁开原一四零零部队通信兵班长）

粗略一翻，很感动，全书字里行间洋溢着对雷锋的热爱，对雷锋精神的深切感受，让我深感雷锋精神的震撼力量！让我认识到雷锋精神作为中国共产党的精神谱系之组成部分是当之无愧的，是永恒的！传承雷锋精神是我们义不容辞的责任和担当！兄能与贤妹结成友谊，是兄今生的荣幸！

—— 赵世刚（抚顺"百姓雷锋"）

老大姐您好！

真诚感谢您亲笔签名并寄赠《雷锋辅导我一生》一书。这份精神食粮是一个无价之宝，我将终身为之受用。

作为雷锋精神的见证者、传承者、践行者，您亲历了那个美好时代的美好往事，一桩桩一件件一宗宗一幕幕，令我们这些后来人，观赏之后受益无穷，又受到了一次难得的精神洗礼和灵魂净化。那一幅幅珍贵的图片，那一件件开心的往事，那一幕幕难得的画面，那一段段可敬的追忆，令我看后心潮澎湃，激动不已。

作为您这位古稀之年的老大姐的老邻居，您走到哪里就把雷锋精神践行到哪里，传承到哪里。在您身体力行、锲而不舍的努力中，让我又看到了一位活雷锋。对此，我深感荣幸、开心和自豪。有了您这样的好榜样，才会有祖国大地生生不息、前仆后继的新时代的雷锋传人。

—— 张洪余（抚顺老家小区邻居，抚顺市交通局退休干部）

有幸与陈老师结缘，并荣幸地聘请陈老师为我校的校外辅导员，才得以有机会请陈老师用其一生宝贵的学雷锋经验，为我校学生讲解和传承雷锋精神。读了陈老师的书，更深刻地体会到了陈老师这一生对于宣传和弘扬雷锋精神所做的贡献与付出。她是用自己的一辈子走雷锋走过的路，当好一名普普通通的校外辅导员，为国育才，为党育人，把雷锋精神的接力棒一代一代传承下去。未来，在陈老师的带领和指引下，我们将在青少年的心中把雷锋精神传承下去并绽放新时代的光芒。

—— 亓刚（北京市海淀区枫丹实验小学书记兼校长）

雷锋
辅导我一生